CRIADO PARA SONHAR

**As 6 fases que Deus usa para
o crescimento da sua fé**

RICK WARREN

Título original: *Created to Dream*
Copyright ©2023 by Rick Warren
Edição original por Zondervan Books.
Todos os direitos reservados.
Copyright da tradução ©2023, de Vida Melhor Editora LTDA.

Todos os direitos desta publicação são reservados por Vida Melhor Editora LTDA.
As citações bíblicas são da Nova Versão Internacional (NVI), da Bíblia, Inc., a menos que seja especificada outra versão da Bíblia Sagrada.

Os pontos de vista desta obra são de responsabilidade de seus autores e colaboradores diretos, não refletindo necessariamente a posição da Thomas Nelson Brasil, da HarperCollins Christian Publishing ou de sua equipe editorial.

Publisher	*Samuel Coto*
Coordenador editorial	*André Lodos Tangerino*
Tradução	*Maurício Bezerra*
Produção editorial	*Renata Litz*
Preparação	*Gabriel Braz*
Revisão	*Daniela Vilarinho e Beatriz Lopes*
Diagramação	*Sonia Peticov*
Capa	*Beatriz Litz*

Dados Internacionais de Catalogação na Publicação (CIP)
(BENITEZ Catalogação Ass. Editorial, MS, Brasil)

W252C Warren, Rick
1.ed.   Criado para sonhar: comentário para a formação cristã: as 6 fases que Deus usa para o crescimento da sua fé / Rick Warren; Maurício Bezerra. - 1.ed. - Rio de Janeiro: Thomas Nelson Brasil, 2023.
   128 p.; 13,5 x 20,8 cm.

   Título original: Created to dream: The phases God uses to Grow your faith.
   ISBN 978-65-5689-790-5

   1. Autorrealização (Psicologia) - Aspectos religiosos - Cristianismo. 2. Sonhos - Aspectos religiosos - Cristianismo. 3. Vida cristã. I. Bezerra, Maurício. II. Título.

10-2023/91   CDD: 248.29

Índice para catálogo sistemático

1. Sonhos: Aspectos religiosos: Cristianismo   248.29

Bibliotecária responsável: Aline Graziele Benitez CRB-1/3129

Thomas Nelson Brasil é uma marca licenciada à Vida Melhor Editora LTDA.
Todos os direitos reservados à Vida Melhor Editora LTDA.
Rua da Quitanda, 86, sala 218 — Centro
Rio de Janeiro — RJ — CEP 20091-005
Tel.: (21) 3175-1030
www.thomasnelson.com.br

SUMÁRIO

CAPÍTULO 1
Como fé e sonho estão conectados ... 7

CAPÍTULO 2
Descobrindo o sonho de Deus para você ... 25

CAPÍTULO 3
Decidindo agir ... 43

CAPÍTULO 4
Perseverando em meio à espera ... 59

CAPÍTULO 5
Lidando com as dificuldades ... 75

CAPÍTULO 6
Enfrentando os impasses ... 91

CAPÍTULO 7
Esperando o livramento ... 103

QUESTÕES PARA REFLEXÃO ... 115
NOTAS ... 123

CAPÍTULO 1

COMO FÉ E SONHO ESTÃO *conectados*

> "Porque sou eu que conheço os planos que tenho para vocês", diz o Senhor, "planos de fazê-los prosperar e não de lhes causar dano, planos de dar-lhes esperança e um futuro."
>
> JEREMIAS 29:11

VOCÊ FOI CRIADO para sonhar. O sonho tem uma função importante no desenvolvimento de sua fé e em sua transformação na pessoa que Deus sempre quis que você fosse. Existe uma conexão importante entre sonhar e crer, entre sua imaginação e seu crescimento. Sem sonhos, ninguém vai a lugar algum. Por outro lado, quase não há limites para o que podemos fazer quando contamos com a inspiração dos sonhos de Deus. Antes de sua primeira respiração, Deus já implantou em seu cérebro o dom da imaginação. Deus preencheu cada célula de seu corpo com criatividade. A Bíblia diz que você foi criado à imagem de Deus.[1] A capacidade de sonhar e criar algo do nada faz parte desse processo de ser criado à sua imagem.

> **UM GRANDE SONHO É UMA DECLARAÇÃO DE FÉ.**

Essa capacidade de sonhar com algo que você nunca vivenciou se constitui em uma habilidade dada por Deus que diferencia o ser humano do restante da criação de Deus. O peixe não consegue se imaginar voando ou mesmo vivendo fora d'água, nem mesmo o pássaro consegue se imaginar vivendo debaixo dela. No entanto, o homem vive sonhando com tudo isso e muito mais, ao longo de toda a sua história.

A capacidade de sonhar representa boa parte daquilo que faz de você um ser humano. As pessoas têm sonhos grandiosos. E, com frequência, elas imaginam a si mesmas criando e fazendo coisas anos antes de essas coisas se concretizarem. Tudo o que a humanidade conquistou na história teve início com um sonho. Certa vez, Napoleão chegou a dizer: "É a imaginação que governa o mundo".

Seus sonhos moldam, de forma significativa, sua identidade, sua felicidade, suas conquistas e sua realização pessoal. Porém, os benefícios dos sonhos inspirados por Deus não se limitam a isso. Os sonhos também têm consequências *eternas*. Eles sempre se constituem no primeiro passo que Deus usa em seu processo de mudar nossa vida para melhor. Tudo começa com um sonho.

Basta observar as coisas à nossa volta para percebermos que Deus sonha. Deus sonhou com cada coisa que existe no universo. Não dá para passar pela primeira frase do primeiro versículo do primeiro capítulo da Bíblia sem dar de cara com a criatividade de Deus. Lemos em Gênesis 1:1: "*No princípio Deus criou*". Deus imaginou e chamou todas as coisas à existência. Tudo começou na mente de Deus. A Bíblia diz: "*Todas as coisas foram feitas por intermédio dele; sem ele, nada do que existe teria sido feito. Nele estava a vida, e esta era a luz dos homens*".[2]

Podemos aprender bastante a respeito de Deus apenas olhando a natureza. Podemos ver como Deus é poderoso!

COMO FÉ E SONHO ESTÃO CONECTADOS

Conseguimos perceber que Deus ama a beleza e presta atenção aos mínimos detalhes. Dá para ver que ele é organizado. Ele criou todos os sistemas de forma coordenada e conectada — nas galáxias, no meio ambiente, em nosso corpo e de muitas outras formas. A ciência revela, continuamente, novas correlações entre os sistemas que nunca chegamos nem sequer a imaginar.

Acima de tudo, percebemos na natureza a *criatividade* de Deus. Nosso Criador é escandalosamente criativo. Pense um pouco em todas as plantas e animais que enchem o nosso planeta. Ele sonhou com todos os milhões de variações nas criaturas e nas plantas — e depois criou você. Ele também lhe deu a capacidade de sonhar, imaginar e planejar.

As crianças são naturalmente sonhadoras criativas. Nós aprendemos brincando de faz de conta. Você sonhava fazer coisas em seu pensamento muito antes de realizá-las. É um fato: as crianças não passam de sonhadoras criativas que imaginam toda espécie de coisa que os adultos rotulam como "impossível". O que acontece com toda aquela criatividade alegre e com todos aqueles sonhos? Eles acabam sendo esmagados, apertados, reprimidos, sufocados e destruídos pelos outros com o passar do tempo. Isso é algo bem trágico, mas verdadeiro. Em geral, quanto mais envelhecemos, menos damos asas à nossa imaginação e à nossa criatividade.

Mas o que tudo isso tem a ver com nosso desenvolvimento espiritual? Tem tudo a ver! Este livro fala justamente disso. Como eu já disse, a maioria das pessoas não tem a mínima noção da importante conexão entre sonho e fé, mas os homens e as mulheres de fé nunca deixaram de ser grandes sonhadores. Eles não pararam de sonhar quando se tornaram adultos. A Bíblia está cheia de exemplos de sonhadores: Abraão, José, Moisés, Rute, Ester e muitos outros. Em vez de se conformarem com o modo que as coisas são neste mundo, as pessoas que têm uma fé poderosa imaginam as possibilidades que seriam despertas se elas simplesmente confiassem um pouco mais em Deus.

Uma grande fé inspira grandes sonhos.
Os grandes sonhos exigem grande fé.

Em muitos aspectos, um grande sonho nada mais é que uma declaração de fé. Com certeza, anunciar publicamente seu sonho exige fé, pois as outras pessoas tenderão a rejeitá-lo. Imaginar de forma corajosa ou sonhar com um futuro melhor para si mesmo, para sua família ou para as outras pessoas se constitui em um ato de fé. Com isso, você está dizendo o seguinte: "Creio que as coisas *podem* mudar e podem ser diferentes, e creio que Deus me dará a capacidade de alcançá-las". Sempre agradamos a Deus quando confiamos nele. A Bíblia diz: *"Sem fé é impossível agradar a Deus, pois quem dele se aproxima precisa crer que ele existe e que recompensa aqueles que o buscam".*[3] Creio que Deus está se agradando da sua leitura neste instante. Você é importante para ele e ele ainda tem uma obra a fazer em sua vida. Isso é apenas o começo de algo maravilhoso.

Neste pequeno livro, farei um resumo das seis fases do processo que Deus usa para fortalecer nossa fé e desenvolver nosso caráter. Esse processo é exemplificado várias vezes na vida dos personagens da Bíblia. De modo mais importante, esse processo de fortalecimento na fé se repetirá em vários momentos de *sua* vida enquanto Deus estiver conduzindo você rumo à maturidade emocional e espiritual.

> **ENQUANTO VOCÊ VAI ATRÁS DO SEU SONHO, DEUS ESTÁ TRABALHANDO NO SEU CARÁTER.**

O processo de crescimento começa com o sonho, mas o sonho é só a primeira fase. Existem mais cinco fases e, se você não compreender as várias maneiras que seu sonho e sua fé serão testados, será tentado a desistir. Mas o sonho é a etapa que dá o pontapé inicial. É o elemento que proporciona a transformação pessoal. É com isto que Deus mais se preocupa em sua vida: preparar você para uma vida com ele na eternidade.

Quero contar um segredo a você: enquanto você está mais interessado em alcançar seu sonho na terra, Deus se preocupa mais em preparar seu caráter para o céu. Sabe por quê? Porque Deus tem planos de longo prazo para você que superarão em grande medida seu tempo tão curto na face da terra. Deus tem uma visão mais profunda para você. Ele está olhando para sua vida à luz da eternidade. O fato é o seguinte: qualquer meta ou sonho que você se vê alcançando aqui na terra será a curto prazo, pois tudo na terra é passageiro. Estamos aqui somente de passagem. Trata-se somente de um ensaio antes do espetáculo verdadeiro que acontece do outro lado da vida. A vida na terra não dura muito tempo, mas a existência na eternidade não terá fim.

Na hora da morte, você não levará sua carreira para o céu. Nem mesmo sua roupa, seu carro, muito menos seu dinheiro. Você deixará tudo isso para trás. Só quem vai para a eternidade é você mesmo, nada mais. Isso envolve seu caráter e o tipo de pessoa que escolheu ser. A Bíblia é bem direta quando fala: *"pois nada trouxemos para este mundo e dele nada podemos levar"*.[4] Por isso Deus considera *quem você é* na terra com uma importância maior do que aquilo *que você faz* enquanto está por aqui. Então, enquanto você vai atrás do seu sonho, Deus está trabalhando para desenvolver seu caráter.

> A DESCOBERTA E A BUSCA DO SONHO DE DEUS CONSTITUEM UMA CAMINHADA DE FÉ.

Tenho algo ótimo para contar: Deus promete que, se você cooperar com ele, ele fará uma transformação completa em seu coração. A Bíblia diz: *"Estou convencido de que aquele que começou boa obra em vocês vai completá-la até o dia de Cristo Jesus"*.[5]

COMO FÉ E SONHO ESTÃO CONECTADOS

Portanto, apresento agora a primeira escolha que você precisa fazer: você gostaria de escolher o sonho de Deus para sua vida, ou prefere seguir seu próprio sonho? Será que você deixará que alguém projete seus próprios sonhos sobre você? Permita-me ser mais claro: Deus *não* prometeu abençoar tudo o que você sonhar. Sabe por quê? Porque nem todos os seus sonhos, objetivos, paixões e ambições representam aquilo que é melhor para sua vida. Alguns sonhos são inúteis, outros são prejudiciais, outros ainda acabam se tornando pesadelos e alguns conduzem ao fracasso. A Bíblia diz: *"Há caminho que parece certo ao homem, mas no final conduz à morte"*.[6] Essa é a razão pela qual aconselho que você escolha o sonho de Deus para sua vida, e não seu próprio sonho. O sonho de Deus para sua vida é infinitamente melhor do que qualquer sonho que você venha a ter. O processo para alcançá-lo não será fácil nem rápido, e este livro explicará tudo isso, mas acabará valendo a pena.

O sonho de Deus para sua vida está longe de ser um improviso. Ele já sabia o que queria que você fizesse antes de ter formado você no ventre da sua mãe, e ele criou você especificamente para esse propósito. A Bíblia diz: *"Porque somos criação de Deus realizada em Cristo Jesus para fazermos boas obras, as quais Deus preparou de antemão para que nós as praticássemos"*.[7]

Em Jeremias 29:11, Deus fez a seguinte promessa: *"Porque sou eu que conheço os planos que tenho para vocês [...] planos de fazê-los prosperar e não de lhes causar dano, planos de dar-lhes esperança e um futuro"*. Deus tem um plano para sua vida. Você não estaria vivo se ele não tivesse um propósito para você. A Bíblia diz em Colossenses 1:16: *"pois nele foram criadas todas as coisas [...] todas as coisas foram criadas por ele e para ele"*. Isso inclui você! Deus não faz nada ao acaso nem age de improviso. Ele criou você para um propósito e ele tem um sonho para sua vida.

Buscar o sonho de Deus compensa bem mais do que alcançar qualquer ambição pessoal, pois o sonho de Deus para sua vida tem consequências eternas. Ele não quer que você viva somente para o presente. Ele quer que você viva levando em conta a eternidade. Seu tempo na terra pode durar oitenta ou, no máximo, cem anos, mas sua existência celestial prosseguirá por toda a eternidade — da mesma forma que o plano que Deus idealizou para você.

"Vocês sabem muito bem que Deus pode fazer qualquer coisa, muito mais do que poderiam imaginar ou pedir em seus sonhos!"[8]

Não sei nada a seu respeito, mas posso ter sonhos bem grandes. No entanto, o sonho de Deus supera tudo o que posso imaginar. Além disso, posso lhe dizer o seguinte: a busca do sonho de Deus é a maior aventura que você pode experimentar durante toda a vida.

Dê só uma olhada nesses benefícios de buscar o sonho de Deus para sua vida: fortalece sua fé, aprofunda sua coragem e constrói seu caráter; amplia sua imaginação, expande seus horizontes e aumenta sua perspectiva; esclarece suas prioridades, alinha seu pensamento e direciona sua energia. E tem mais: isso sempre — *sempre* — revela algo novo a respeito da maravilha e da glória de Deus. Nada mais no mundo fará o que o sonho de Deus fará por você. Você não encontrará nenhuma realização maior para si mesmo do que quando cumpre o que Deus o criou para fazer.

INICIANDO A BUSCA DO SONHO DE DEUS

Existem muitas coisas na vida sobre as quais você não tem controle. Você não escolheu seus pais. Você não escolheu quando ou onde viria a nascer. Você não escolheu sua raça nem seu gênero. No entanto, há uma escolha sobre a qual você tem todo o controle: se você aceitará o convite de Deus para buscar o sonho dele para sua vida.

Mas como alguém pode descobrir qual é o sonho de Deus para sua vida? Mais do que isso: como é possível buscá-lo? A descoberta e a busca do sonho de Deus constituem uma caminhada de fé. Em geral, o sonho de Deus não é explicado em todos os detalhes. Você o vai descobrindo pouco a pouco. A Bíblia diz: *"A vereda do justo é como a luz da alvorada, que brilha cada vez mais até à plena claridade do dia"*.[9] Isso quer dizer que o sonho de Deus vai amanhecendo dentro de você. Ele se torna cada vez mais claro a cada passo que você dá em sua direção.

A busca do sonho de Deus exige muita paciência. A paciência é uma das ferramentas mais comuns que Deus usa para edificar sua fé. Na verdade, é preciso mais fé para esperar do que simplesmente aventurar-se em dado momento, porque a espera o força a tomar a seguinte decisão: você vai continuar a crer em Deus ou vai desistir e se afastar?

Lemos em Isaías 7:9 o seguinte: *"Se vocês não ficarem firmes na fé, com certeza não resistirão!"*. Então, como está sua fé? Forte ou fraca? Firme ou abalada? Essas são perguntas importantes a fazer, pois Jesus disse: *"Tudo é possível àquele que crê"*.[10] Jesus também disse: *"Que lhes seja feito segundo a fé que vocês têm!"*.[11] Em outras palavras, há muita coisa em jogo no que diz respeito à sua fé, porque ela influencia o modo de Deus abençoar sua vida.

Talvez você esteja pensando que sua fé não seja forte o suficiente para buscar o sonho de Deus. Pode ter certeza que sim! A fé que você tem é suficiente para dar o primeiro passo. Jesus disse que você só precisa de uma fé do tamanho de um grão de mostarda para mover uma montanha. Se você tiver a fé de um bebê, dê um passo de bebê. E, no momento em que fizer isso, sua fé crescerá para que você dê o próximo passo.

A fé é como um músculo. Precisa de treino e desenvolvimento. Deus usa um padrão e um processo previsíveis para fortalecer sua fé, que é o que costumo chamar de seis fases da fé. Quando você entender essas seis fases, poderá cooperar melhor com Deus no fortalecimento da sua fé e na construção do seu caráter enquanto experimenta a grande aventura de buscar o sonho de Deus para sua vida.

AS SEIS FASES DA FÉ

Como sou pastor, fazem esta pergunta a mim com bastante frequência: "Por que isso tem que acontecer comigo?

COMO FÉ E SONHO ESTÃO CONECTADOS

Não consigo entender! Achei que estava buscando o sonho de Deus, mas agora estou pensando em desistir". Até acho que você já ouviu algo parecido. Sabe, quando você não entende as seis fases da fé, pode se sentir magoado, podendo chegar à depressão. A preocupação passa a tomar conta de sua vida. Você começa a ter medo do futuro, e o pior de tudo é que você não consegue cooperar com o que Deus quer fazer na sua vida. Mas, quando você compreende as seis fases pelas quais Deus faz todo cristão passar, então poderá dizer o seguinte: "Agora entendo! Estou passando pela fase 4 neste momento!", ou mesmo a fase 6 ou a 2. Assim, você entenderá o que se passa e terá menos chance de desanimar nos momentos difíceis.

Então, permita-me apresentá-lo às seis fases da fé e ao papel que elas desempenham na busca do sonho de Deus. Depois explicarei cada fase com maiores detalhes nos capítulos seguintes.

Fase 1: O sonho

Sabe como Deus edifica sua fé? Ele sempre começa com um sonho. Nada acontece até que você comece a sonhar. Você precisa ter uma ideia, uma visão, uma meta ou um objetivo. Quando Deus quer agir em sua vida, ele lhe dá um sonho a respeito do que quer que você faça e do impacto que ele deseja que você cause no mundo. No próximo capítulo, ensinarei a você de que forma poderá descobrir o sonho de Deus para sua vida.

Fase 2: A decisão

Você tem de tomar a decisão de entrar em ação! Nada acontecerá enquanto você não despertar e colocar o sonho em prática. Só um em cada dez sonhadores no mundo decide ir atrás do sonho. O único modo de progredir na fé é decidir correr riscos. No capítulo 3, explicarei seis princípios bíblicos para a tomada de decisões sábias.

Fase 3: As esperas

Quando você vai atrás do sonho, existe sempre um período de espera. Por que Deus faz você esperar? Pelo simples fato de que ele quer agir em *sua vida* antes de impulsionar seu projeto. O propósito dessa fase de espera é ensinar você a confiar em Deus e a ser paciente com o tempo dele. O modo que você lida com as salas de espera que Deus coloca em seu caminho mostra quanto mede a força da sua fé. No capítulo 4, mostrarei como você pode continuar no rumo quando seu sonho é deixado para depois.

Fase 4: As dificuldades

Você não terá somente de esperar; você terá problemas enquanto estiver esperando. Acontecem problemas até mesmo quando seu sonho está alinhado com o sonho de Deus, porque Deus está agindo sobre sua fé e sobre seu caráter. No capítulo 5, direi o que você deve fazer e o que deve evitar enquanto estiver enfrentando dificuldades.

Por fim, as dificuldades aumentam tanto que você chega ao seu limite. Já tentou de tudo, esgotou todas as opções... e agora você chega à quinta fase da fé.

Fase 5: Os impasses

Na fase dos impasses, a situação, que já é difícil, passa a ser impossível. Se você chegou a esse estágio, parabéns! Você está em boa companhia. Até mesmo o apóstolo Paulo passou por uma fase assim:

> Não queremos que vocês desconheçam as tribulações que sofremos na província da Ásia, as quais foram muito além da nossa capacidade de suportar, a ponto de perdermos a esperança da própria vida. De fato, já tínhamos sobre nós a sentença de morte, para que não confiássemos em nós mesmos, mas em Deus, que ressuscita os mortos.[12]

Deus não apenas pode ressuscitar os mortos fisicamente; ele também pode ressuscitar a vida emocional. Ele pode ressuscitar um casamento que já morreu. Ele pode ressuscitar uma carreira morta. Ele pode soprar um novo fôlego de vida depois de toda a esperança ter morrido. No capítulo 6, mostrarei como se manter firme na fé quando você chegar a um beco sem saída.

Fase 6: O livramento

No final, Deus dá o livramento. Ele faz o milagre e traz a solução. Ele ama transformar crucificações em ressurreições, desesperos em vitórias e impasses em livramentos. O motivo é simples: porque a glória vai toda para ele. No capítulo 7, mostrarei a você a chave do livramento.

EM QUE FASE VOCÊ SE ENCONTRA?

Será que Deus lhe deu um sonho? É isso que identifico como a fase 1. Se você não tem nenhum sonho, então você não vive — você sobrevive.

Quem sabe você esteja na fase 2? Você tem um sonho de Deus, mas ainda não tomou a decisão de ir atrás dele. Você está em cima do muro. Você acha que está esperando em Deus, mas é Deus quem está esperando por você. A palavra de Deus para você na fase da decisão é a seguinte: "Vai fundo!". O céu está torcendo por você.

Pode ser que, agora, você esteja na fase 3. Você já tem um sonho e decidiu ir atrás dele, mas agora entrou na fase da espera. Você pergunta a Deus: "Por que a minha oração ainda não foi respondida?". Se você estiver na fase 3, lembre-se de que se encontra na sala de espera de Deus. Não siga nenhum atalho nem queira ir à frente de Deus. Espere que ele abra a porta certa.

Talvez você esteja na fase 4 — você está sendo testado. Quais dificuldades você está enfrentando enquanto espera que o sonho se realize? Deus diz: "Eu sei exatamente pelo que você está passando. Estou vendo tudo e vigiando. Não pense que me esqueci de você, porque isso não é verdade".

Você ainda pode estar na fase 5 e o seguinte pensamento passa em sua mente: "Acho que já deu. Estou em um beco sem saída. Está na hora de desistir". Bem, Deus quer que você esteja justamente nesse lugar. Ele está dizendo a você: "Fique firme! Continue acreditando! Não desista!". Você está quase chegando à fase 6: a fase do livramento. Será que você espera o livramento de Deus? Deus é fiel. O que ele prometeu, assim ele fará. Deus não dá orientação sem provisão, mas ela não vem do dia para a noite. Você passa pelas fases do sonho, da decisão, da espera, das dificuldades e dos impasses... E depois disso tudo é que vem o livramento.

> DEUS NÃO DÁ ORIENTAÇÃO SEM PROVISÃO.

Observe novamente este versículo: "*Vocês sabem muito bem que Deus pode fazer qualquer coisa, muito mais do que poderiam imaginar ou pedir nos seus sonhos!*".[13] É como se Deus dissesse a você: "Pense no maior sonho que você pode ter — o meu é bem melhor!". É um sonho desses que Deus tem para você. Ele é maior e melhor do que qualquer ambição, ou qualquer objetivo, ou desejo que você possa imaginar.

Será que você está disposto a realizar aquilo que Deus o criou para fazer? O sonho de Deus está esperando por você!

CAPÍTULO 2

DESCOBRINDO
O *sonho*
DE *Deus*
PARA VOCÊ

"Vocês sabem muito bem que Deus pode fazer qualquer coisa, muito mais do que poderiam imaginar ou pedir nos seus sonhos! Quando Deus age, ele nunca o faz de modo forçado, pois o seu agir em nós, por seu Espírito, acontece sempre de modo profundo e gentil dentro de nós."

EFÉSIOS 3:20-21 (A Mensagem)

SE VOCÊ NÃO tem nenhum sonho, então você não vive; só sobrevive.
O sonho de Deus determina seu destino e define sua dignidade. É a razão de sua existência. É seu propósito de vida. Sem o sonho, sua vida perde o sentido e a direção. Sem ele, você sempre terá problemas de identidade, ou seja, sobre quem você é de fato.
Não há nada mais importante, depois de conhecer Jesus Cristo, do que descobrir o sonho de Deus para sua vida. Somente quando você descobre por que Deus o criou e o que ele quer que você faça é que a vida faz sentido.
Existem muitos exemplos disso na Bíblia:

- Deus deu a Noé o sonho de salvar o mundo do dilúvio.
- Deus deu a Abraão o sonho de ser pai de uma grande nação.
- Deus deu a José o sonho de ser um líder que salvaria seu povo.
- Deus deu a Davi o sonho de construir o templo.
- Deus deu a Neemias o sonho de reconstruir o muro ao redor de Jerusalém.
- Deus deu a Paulo o sonho de ir para Roma.

CRIADO PARA SONHAR

Nada acontece até que você comece a sonhar.

A verdade é que tudo começa com um sonho. Tudo o que foi criado começa com alguém sonhando com isso em primeiro lugar. Deus sonhou com cada árvore, cada montanha, cada planeta — com todo o universo! Ele também sonhou com você. Então, ele criou você e lhe deu a capacidade de ser um sonhador. Embora você possa sonhar com coisas incríveis, o sonho de Deus é criado especialmente para você. Ele lhe dá a habilidade de sonhar com novas formas de se divertir, com novas alternativas de negócio e novos ministérios, até mesmo com a possibilidade de transformar sua comunidade ou causar impacto no mundo. Tudo começa com um sonho.

Você já percebeu que existem três tipos de sonhos? O sonho pode constituir-se nos pensamentos e nas imagens que você tem enquanto dorme. Nem todos esses sonhos são bons; alguns, inclusive, são verdadeiros pesadelos. Os sonhos também podem indicar grandes interesses e ambições que você tem durante o dia, e eles são mais importantes do que os sonhos que você tem enquanto está dormindo. Porém, o terceiro tipo de sonho, o sonho de Deus para sua vida, é o mais importante de todos.

Como você sabe se o sonho vem de Deus ou se vem de sua própria imaginação? Como você sabe se é Deus quem está falando ou se você sonhou porque foi dormir de barriga cheia? Quando eu era pequeno, sonhava em ser uma estrela do rock para que pudesse tocar guitarra, mas esse era o sonho que *eu* tinha para mim, e não o que Deus havia preparado. Deus tinha um sonho mais importante, que ia além de tudo que eu pudesse pedir ou imaginar.

Uma forma de descobrir se um sonho vem de Deus é avaliar se sua realização depende da fé. A fé sempre será necessária para se chegar ao sonho de Deus. Esse sonho será tão grande que não haverá possibilidade de você realizá-lo pelas suas próprias forças. Se você pudesse realizá-lo, nem precisaria de fé, e *"sem fé é impossível agradar a Deus"*.[1]

A segunda forma de saber se um sonho vem de Deus é avaliar se ele está alinhado com a Palavra de Deus. O sonho de Deus nunca entrará em conflito com ela. Deus não lhe dará o sonho de largar sua família para ser uma estrela de cinema. Ele não lhe dará o sonho de trapacear no serviço para poder doar aquilo que ganha para a construção do templo da sua igreja. Volto a dizer que o sonho de Deus nunca contradiz a sua Palavra.

> O SONHO DE DEUS NUNCA CONTRADIZ A SUA PALAVRA.

UM SONHO FEITO SOB MEDIDA

Deus tem uma vontade *"boa, agradável, e perfeita"*[2] para sua vida. Não se trata de um plano genérico. O sonho de Deus para você é pessoal. Trata-se de um sonho feito sob medida para como você foi moldado por Deus.

Existem cinco fatores importantes que compõem sua identidade. Para que você se lembre deles com maior facilidade, criei um acróstico simples com a palavra FORMA.

- **F**aculdades espirituais
- **O**riginalidade
- **R**epertório de capacidades
- **M**omentos vividos
- **A**lma

Você é a única pessoa do mundo com sua FORMA especial dada por Deus. Isso quer dizer que você é a única pessoa que pode realizar o sonho de Deus para sua vida. Esse sonho não é somente pessoal; ele também é positivo. É um plano *"de fazê-los prosperar e não de lhes causar dano [...] de dar-lhes esperança e um futuro"*.[3]

Como, então, se descobre o sonho de Deus? Vamos observar cinco passos baseados nas cinco letras da palavra *sonho*.

Submeta toda a sua vida a Deus

Se você quer que Deus lhe mostre o sonho dele para sua vida, então você deve estar disposto a fazer tudo o que Deus quer que você faça, mesmo antes de receber alguma instrução específica da parte dele. Não fique dizendo a ele: "Deus, mostre-me o que quer que eu faça para ver se eu concordo". Simplesmente firme um compromisso com ele e, em seguida, ele mostrará a você o que deve fazer.

Romanos 12:1 diz: "[...] se ofereçam em sacrifício vivo, santo e agradável a Deus". Para descobrir a vontade de Deus, a Bíblia diz que você precisa "se oferecer" a Deus. Isso significa que você tem de dedicar todas as áreas da sua vida — seu tempo, seus talentos, seus bens, seus relacionamentos, seu passado, presente e futuro — aos propósitos de Deus. Sacrifique seus próprios interesses em favor dos dele. Entregue a Deus o controle da sua vida.

A Bíblia prossegue em sua instrução dizendo: *"Não se amoldem ao padrão deste mundo, mas transformem-se pela renovação da sua mente, para que sejam capazes de experimentar e comprovar a boa, agradável e perfeita vontade de Deus".*[4]

Amoldar-se significa tomar a forma de um molde, enquanto transformar-se significa mudar algo de dentro para fora — e há uma grande diferença entre esses dois modos de agir. Deus quer transformar você mudando seu modo de pensar sobre ele, sobre a vida e sobre o mundo ao seu redor. A principal razão de as pessoas não entenderem o sonho de Deus é porque elas tentam encaixá-lo no restante do mundo. Elas acabam sendo a cópia de outra pessoa em vez de ser a pessoa que Deus quer que elas sejam.

Se você quiser levar a sério a descoberta do sonho de Deus para sua vida, então tem de decidir se vai se conformar ou se transformar. Será que você está disposto a se amoldar à "boa vida" ou à vida de Deus, aos padrões do mundo ou aos padrões de Deus?

Lemos em Hebreus 12:1 o seguinte: *"Livremo-nos de tudo o que nos atrapalha [...] e corramos com perseverança a corrida que nos é proposta"*. Deus tem uma corrida específica para você correr. Se você viver olhando para as outras pessoas, acabará tentando seguir a carreira delas, e essa corrida não tem nenhuma chance de vitória. Para conhecer a vontade de Deus, você terá de parar de se moldar aos padrões do mundo e permitir que Deus o transforme na pessoa que ele o projetou para ser.

Como é a vontade de Deus? Ela é boa, agradável e perfeita (Romanos 12:2). A palavra grega traduzida como "perfeita" indica que é feita sob medida — você é justamente quem você quer ser, poderia ser e deveria ser. Em outras palavras, você é exatamente quem foi criado para ser.

Então, a primeira coisa que você tem de fazer para descobrir o sonho de Deus para sua vida é dedicar toda a sua vida a Deus. Em Atos 20:24, o apóstolo Paulo diz: *"não [...] considero a minha vida de valor algum para mim mesmo, se tão somente puder terminar a corrida [...] que o Senhor Jesus me confiou"*.

Você já fez isso? Já dedicou sua vida a ele? Ir atrás do sonho de Deus para sua vida nada mais é que uma caminhada de fé, e o primeiro passo consiste em depositar sua fé em Jesus Cristo como aquele que tem o poder de perdoar seus pecados. Esse é o ponto de partida. Jesus já lhe ofereceu seu perdão. Ele pagou o preço por seus pecados quando morreu na cruz. Só lhe resta crer e receber esse perdão.

A Bíblia diz: *"Aos que o receberam, aos que creram em seu nome, deu-lhes o direito de se tornarem filhos de Deus".*[5] Creia que Jesus morreu por seus pecados e ressuscitou dentre os mortos, e receba seu dom do perdão. Você não precisa fazer nenhuma prova, muito menos alguma coisa mirabolante, nem mesmo pagar um centavo que seja — o castigo por seus pecados já foi pago por Jesus Cristo na cruz. Basta receber seu perdão pela fé.

Se você nunca abriu seu coração para Jesus Cristo, quero convidá-lo a fazer esta oração neste exato momento:

> Senhor Jesus, sei que o Senhor me criou. O Senhor me fez para ser amado e para amá-lo. Hoje quero abandonar meus planos e buscar a sua vontade para a minha vida. Por favor, perdoe meus pecados, me perdoe por todos os momentos em que me afastei do Senhor e me comportei como se eu não desse a mínima importância às suas palavras. Fiquei impressionado em saber que o Senhor tem interesse nos detalhes tão pequenos da minha vida. Mas, acima de tudo, chamou minha atenção que o Senhor, o próprio Jesus, veio a este mundo para morrer por mim e pagar o preço pelos meus pecados. Eu não entendia nada disso, mas hoje eu digo sim ao Senhor! Ajude-me a aprender como amar o Senhor, confiar no Senhor e segui-lo pela fé. A partir de agora, quero ir atrás do seu sonho para minha vida. Entrego minha vida agora ao Senhor, com base em tudo o que sei. Estou fazendo esta oração em seu nome. Amém.

Organize-se um tempo para ficar a sós com Deus

Já que você quer ouvir a voz de Deus, então precisa silenciar todos os ruídos à sua volta. A Bíblia diz que Deus fala de um modo calmo e baixo, por isso não tem como você ouvi-lo em meio à correria maluca da vida. Para conseguir enxergar o sonho de Deus, você vai ter de desligar a televisão e se desconectar dos seus aparelhos. Não dá para, ao mesmo tempo, ouvir Deus e maratonar seu programa favorito. Talvez a razão pela qual você nunca foi capaz de ouvir a voz de Deus falando com você seja o fato de não parar quieto nem um instante sequer — sempre tem algo rolando. Você tem de separar algum tempo para ficar a sós com Deus, para que ele tenha a chance de falar com você.

A Bíblia diz em Jó 37:14: *"Escute isto [...] pare e reflita nas maravilhas de Deus"*.

Deus quer ter um tempo de qualidade com você. Isso não é incrível? O criador do universo diz: "Pare, fique quieto e a sós comigo para que possamos ter uma conversa". Essa é a disciplina espiritual da solitude. Deus fala com as pessoas que separam algum tempo para ouvir sua voz. Quando foi a última vez que você parou por um instante para ouvir a voz de Deus?

Já que você quer ouvir Deus, precisa reservar algum tempo para ler e estudar a Palavra de Deus. Durante uma hora silenciosa, faça uma pausa, ouça e reflita a respeito do que Deus está fazendo em sua vida. Trata-se de um momento em que você conversa com Deus em oração e deixa que Deus fale com você por meio da Bíblia. É bom separar um tempo todo dia para fazer isso, mas também é bom passar um dia inteiro, pelo menos uma vez por ano, buscando intimidade com Deus. Então, pergunte a ele: "Aonde o Senhor quer que eu vá, e o que o Senhor quer que eu faça?". Esse dia serve para orar, pensar, anotar e definir algumas metas e prioridades, para fazer mudanças de rumo, no sentido de garantir que está indo atrás do sonho de Deus para sua vida.

Se você viver setenta anos, viverá 25.567 dias. Será que não vale a pena investir um desses dias para descobrir o que Deus quer que você faça no restante da sua vida?

Note suas capacidades

Você pode descobrir a vontade de Deus observando o modo pelo qual ele o criou. Quais são os talentos, as capacidades, as experiências, os dons espirituais e as características de personalidade que ele lhe deu? Essas coisas servem de pistas para o rumo que Deus quer que você siga em sua vida. Por que ele daria esses dons se não quisesse que você os usasse? Isso seria um desperdício.

A Bíblia diz: *"Cada um exerça o dom que recebeu para servir aos outros, administrando fielmente a graça de Deus em suas múltiplas formas"*.[6] Em outras palavras, nós somos salvos para servir. Esta é a razão de ser do ministério: usar seus dons e talentos para ajudar outras pessoas para a glória de Deus.

Lemos em Efésios 2:10 o seguinte: *"Porque somos criação de Deus realizada em Cristo Jesus para fazermos boas obras, as quais Deus preparou de antemão para que nós as praticássemos*". A palavra grega que é traduzida como criação é *poiema*, que dá origem à palavra poema. Existem realmente uma rima e uma razão para sua vida. Você tem uma mensagem de vida que deve passar para as pessoas. A Nova Versão Transformadora usa as seguintes palavras: "*Somos obra-prima de Deus*". Você é uma obra de arte única, feita sob medida para um propósito específico. Não existe ninguém exatamente como você e nenhuma outra pessoa pode realizar seu propósito.

A verdadeira realização vem como o resultado de ser a pessoa que Deus quer que você seja. Então, faça as seguintes perguntas a si mesmo: "O que eu faço com excelência? O que amo fazer? O que me dá forças e me coloca em movimento? O que as pessoas dizem que faço bem? Quais habilidades fluem em minha vida de forma natural? Quais foram as minhas conquistas mais bem-sucedidas? Como Deus pode usar essas habilidades para cumprir seus propósitos?". Talvez você queira separar um dia inteiro para responder a essas perguntas. As respostas que você encontrará indicarão o caminho para o sonho de Deus em relação à sua vida.

Habitue-se a conviver com sonhadores que amam a Deus

Invista seu tempo com pessoas que estão em busca do sonho de Deus para a vida delas.

Não existe amigo que seja totalmente neutro. Ou as pessoas com quem tem maior intimidade ajudarão você a descobrir o sonho de Deus ou atrapalharão a sua vida.

Então, escolha bem suas amizades. Já vi, em várias ocasiões, algumas pessoas perderem de vista o sonho de Deus porque foram desincentivadas por algum amigo mais próximo.

Tanto os sonhos como o desânimo são contagiosos. Por isso é importante participar da família da igreja e permanecer cercado de pessoas que estão buscando a vontade de Deus. A Bíblia diz: *"Assim como o ferro afia o ferro, o homem afia o seu companheiro"*,[7] e ainda afirma o seguinte: *"As más companhias corrompem os bons costumes"*.[8] Se você quiser ir atrás do sonho de Deus para sua vida, então precisa que alguns amigos que amam as coisas de Deus ajudem você a descobri-lo.

> **TANTO OS SONHOS COMO O DESÂNIMO SÃO CONTAGIOSOS.**

Ao mesmo tempo, se você é casado, parte do seu sonho incluirá seu cônjuge (e seus filhos, se for o caso). Deus não lhe dará um sonho que passe por cima deles, a ponto de fazer com que você caminhe sozinho. O sonho de Deus será confirmado pelas pessoas mais próximas de você.

Oficialize seu sonho publicamente

Primeiro você visualiza o sonho, depois o verbaliza, dizendo: "É isso que eu creio que Deus quer para minha vida". Anunciar seu sonho às pessoas demonstra sua fé e incentiva-as a participarem do plano de Deus.

Veja bem, não estou falando de teoria. Deixe-me contar como isso funcionou na minha vida. No dia 30 de março de 1980, eu fiz minha primeira pregação na Igreja Saddleback. Eu tinha 25 anos. Diante das sessenta pessoas que ali estavam, eu li o sonho que Deus me deu para a congregação:

> Trata-se do sonho de um lugar no qual as pessoas feridas, desesperadas, desanimadas, frustradas e confusas encontrarão amor, aceitação, ajuda, perdão, orientação, incentivo e apoio.
>
> É o sonho de compartilhar as boas-novas de Jesus Cristo que são capazes de transformar vidas com centenas de milhares de habitantes do sul do Condado de Orange, na Califórnia.
>
> É o sonho de receber vinte mil membros na comunhão da família de nossa igreja — amando, aprendendo, rindo e vivendo juntos em harmonia, servindo de exemplo do amor de Deus para o mundo.
>
> É o sonho de formar pessoas de modo que atinjam a maturidade espiritual e todo o seu potencial por meio do discipulado de estudos bíblicos, pequenos grupos, retiros, seminários e ferramentas que as ajudem a crescer em sua semelhança com Cristo e realizar o propósito de suas vidas.
>
> É o sonho de capacitar todos os membros para seu próprio ministério por meio de nossa igreja, ajudando-os a descobrir os dons e os talentos que Deus lhes deu.
>
> É o sonho de enviar nossos membros aos milhares em missões a todos os continentes, capacitando cada membro para sua missão de vida no mundo.

É o sonho de treinar líderes de igreja e missionários ao redor do mundo. É o sonho de implantar pelo menos uma igreja a cada ano.

É o sonho de adquirir pelo menos duzentos mil metros quadrados para construir um grande *campus* regional, com instalações belas e funcionais, incluindo um centro de adoração que comporte milhares de pessoas, um centro ministerial que tenha um espaço para aconselhamento e oração, classes para estudos bíblicos e treinamento, além de áreas externas destinadas à recreação.

Tudo isso será construído para ministrar ao ser humano como um todo — nas áreas espiritual, emocional, física e social —, e será edificado no ambiente de um parque natural, com um paisagismo agradável, que inclua flores lindas, fontes exuberantes e tanques de batismo. Queremos que as pessoas se sintam relaxadas ao chegarem.

Neste momento e neste dia, eu me coloco diante de vocês e afirmo com toda a confiança que todos esses sonhos se realizarão, pelo simples motivo de que são inspirados por Deus e que cooperam para sua glória!

Hoje tudo isso — e mais ainda — tornou-se realidade. Só Deus poderia ter feito isso. Só Deus poderia ter me dado um sonho tão audacioso. Voltei para casa morrendo de medo. O que foi que eu fiz? Por que fui abrir a minha boca?

Se eu tivesse me calado, nunca teria começado e ninguém teria testemunhado o milagre. O medo do fracasso poderia ter impedido que eu fizesse aquilo que Deus queria para mim.

Existem três razões para declarar publicamente seu sonho: a primeira é que isso coloca seu sonho em ação. Isso impede que você o deixe para depois. Quando você anuncia o sonho, enche a si mesmo da responsabilidade de agir para alcançá-lo e prosseguir nessa caminhada.

A segunda razão é que isso atrai o apoio das pessoas. Sabe por quê? Porque um grande sonho inspira outros a também sonharem. No momento em que declarei meu sonho, outras pessoas quiseram participar dele. O sonho que vem de Deus pode atrair pessoas que você ainda nem conheceu e que empenharão suas habilidades, seus recursos, sua sabedoria, seu entusiasmo e sua energia para ajudá-lo a alcançar seu objetivo.

Já a terceira razão para declarar publicamente seu sonho é que ele libera o poder de Deus. Com fé, você sai do barco e começa a andar sobre as águas, e Deus o segura pela mão. O que você achava ser impossível começa a acontecer. A Bíblia diz: *"Aquele que os chama é fiel, e fará isso".*[9] Essa é uma promessa na qual você pode empenhar sua vida!

COMECE A SONHAR

Depois de descobrir o sonho de Deus para sua vida, você tem de fazer com que toda a sua vida gire em torno desse sonho. Nada é mais importante do que realizar o sonho de Deus para você. Essa é a razão pela qual ele criou você. O apóstolo Paulo disse: *"Nem considero a minha vida de valor algum para mim mesmo, se tão somente puder terminar a corrida e completar o ministério que o Senhor Jesus me confiou"*.[10] O segredo da grandeza é ter um foco determinado. É isso que é necessário no mundo atual: homens e mulheres de compromisso, caráter e convicção que estão dispostos a colocar o sonho de Deus em primeiro lugar em suas vidas. Eles são heróis por amor a Cristo. Pessoas que não passam de pessoas comuns que se associam a sonhos extraordinários.

> **NADA É MAIS IMPORTANTE DO QUE REALIZAR O SONHO DE DEUS PARA VOCÊ. ESSA É A RAZÃO PELA QUAL ELE CRIOU VOCÊ.**

Pare tudo o que está fazendo neste momento e pergunte a si mesmo: "Por que Deus me colocou aqui nesta terra? Por que ele me colocou neste local específico, com minhas paixões pessoais e capacidades, nesta época específica da história? O que Deus poderia fazer por intermédio da minha vida se eu me entregar completamente a ele? É na resposta a essas perguntas que você pode encontrar o sentido, o propósito e a relevância.

Nada acontece em sua vida até que você comece a sonhar. Neste momento, quero desafiar você a ter grandes sonhos para a glória de Deus.

CAPÍTULO 3

DECIDINDO
agir

> Não pense tal pessoa que receberá coisa alguma do Senhor, pois tem mente dividida e é instável em tudo o que faz.
>
> TIAGO 1:7-8

UM SONHO NÃO PASSA de algo inútil até que a pessoa desperte e o coloque em prática. Você nunca realizará o sonho de Deus para sua vida se não passar rapidamente para a fase da decisão da fé.

Os heróis da Bíblia eram tomadores de decisão corajosos:

- Deus deu a Noé o sonho de salvar o mundo do dilúvio — mas Noé teve de tomar a decisão de construir a arca.
- Deus deu a Abraão o sonho de ser pai de uma grande nação — mas Abraão teve de tomar a decisão de deixar o conforto e a segurança de sua casa e partir para uma jornada rumo ao desconhecido.
- Deus deu a Moisés o sonho de conduzir a libertação dos filhos de Israel dos quatrocentos anos de escravidão — mas Moisés teve de tomar a decisão de enfrentar Faraó.
- Jesus chamou os discípulos para fazerem parte de seu ministério — mas eles tiveram de tomar a decisão de abandonar suas carreiras para segui-lo.
- Jesus convidou Pedro para andar com ele sobre as águas — mas Pedro teve de tomar a decisão de sair do barco e caminhar na direção do milagre.

Durante a fase de decisão, você tem de fazer duas coisas. A primeira é investir. Você tem de decidir que investirá seu tempo, seu dinheiro, sua reputação e sua energia nas coisas que o levarão adiante em sua busca do sonho de Deus. Você tem de parar de inventar desculpas e mergulhar de corpo e alma nessa busca. Esse é o momento no qual você diz: "Deus, eu não deixarei mais nada para depois. Passarei a fazer aquilo que o Senhor me orientou a fazer".

A segunda coisa que você tem de fazer é sair de sua zona de conforto. Você não pode, ao mesmo tempo, prosseguir na fé e se apegar ao passado.

Uma ótima imagem do abandono de toda a segurança é a da trapezista. Ela balança em uma barra e tem de largá-la em um salto para alcançar a outra barra que vem ao seu encontro, a fim de balançar para o outro lado. As barras guardam distância suficiente para impedir que ela se agarre nas duas ao mesmo tempo. Em dado momento, ela tem de largar a segurança da primeira barra e, por uma fração de segundo, ela voa nas alturas sem se agarrar a nenhuma delas.

Você já esteve em algum ponto da carreira em que largou um serviço e está procurando por outro, e não tem nenhum meio de sustento nesse meio-tempo? Parece que você está a trinta metros de altura sem nenhuma rede de segurança por baixo. Mas, se você não abandonar a velha vida e assumir a visão que Deus tem para você, então simplesmente balançará na direção da antiga vida — mas, nesse caso, você não retornará ao lugar inicial. Você simplesmente balançará em uma altura cada vez menor e, por fim, acabará pendurado com a única opção de descer.

> **A FASE DA DECISÃO NÃO CONSISTE EM TOMAR DECISÕES RÁPIDAS. TRATA-SE DE TOMAR AS DECISÕES *CERTAS*.**

Assim como a trapezista, você tem de tomar a decisão de sair de sua zona de conforto para agarrar seu sonho. A fase da decisão não consiste em tomar decisões rápidas. Trata-se de tomar as decisões *certas*. Decisões rápidas são fáceis — e, por essa razão, geralmente são erradas. Você deve ter muita sabedoria para tomar decisões corretas. Então, quero lhe apresentar um plano bíblico simples e funcional para você tomar decisões sábias. Seja para sua carreira, seja para sua formação, seus relacionamentos, suas finanças, sua saúde, seus filhos, seu futuro, existem princípios na Palavra de Deus que ajudam você a tomar essas decisões, e cada um desses princípios leva a uma pergunta que o direcionará para o sonho de Deus.

PRINCÍPIO 1: ORE PEDINDO DIREÇÃO

Antes de fazer qualquer coisa, pergunte a Deus qual é sua perspectiva. A Bíblia diz: *"Se algum de vocês tem falta de sabedoria, peça-a a Deus, que a todos dá livremente, de boa vontade; e lhe será concedida"*.[1] Já que o sonho que você está buscando vem de Deus, faz muito sentido perguntar a ele de que forma é possível alcançá-lo.

Lemos o seguinte em Provérbios 28:26: "*Quem confia em si mesmo é insensato, mas quem anda segundo a sabedoria não corre perigo*". Você já tomou alguma decisão tola que achava ser a melhor decisão naquele momento? É necessário algo maior do que simplesmente intuição ou instinto. Você precisa da verdade absoluta para poder basear suas decisões. Você precisa da direção de Deus.

A Bíblia diz: "*Como é feliz o homem que acha a sabedoria, o homem que obtém entendimento*".[2] Para achar a sabedoria, você tem de buscá-la. Para obter entendimento, você tem de agir. Então, como você pode encontrar sabedoria e obter entendimento?

Em primeiro lugar, leia a Palavra de Deus. Examine as Escrituras. Boa parte da vontade de Deus para sua vida pode ser descoberta na Bíblia. O que Deus já disse e se aplica à sua situação? Quanto mais você conhece a Palavra de Deus, mais conhece os pensamentos dele.

Em segundo lugar, escute a voz calma e suave de Deus sussurrando em seu coração. A voz de Deus é uma voz de paz. A Bíblia diz: "*E que a paz que Cristo dá dirija vocês nas suas decisões*".[3]

O fato é que Deus quer guiar você. Ele quer ajudá-lo em sua tomada de decisões. Ele quer que você tenha sucesso.

Então, pergunte: "O que Deus tem a dizer sobre essa decisão?".

PRINCÍPIO 2: OBTENHA OS FATOS

Não há contradição entre a fé e os fatos. É sábio descobrir tudo o que for possível antes de tomar uma decisão.

Lemos em Provérbios 13:16: "*Todo homem prudente age com base no conhecimento*".

Antes de abrir a Igreja Saddleback, passei seis meses em busca de informações por todo o Condado de Orange. Fiz pesquisas e levantei dados demográficos. Estudei o censo. Escrevi para os pastores da região. Fiz entrevistas de casa em casa. Depois de seis meses de estudo, tomei a decisão de mergulhar no sonho.

Alguém pode dizer: "Por que você fez todo esse esforço adicional? Por que não se limitou a agir pela fé?". Simplesmente porque a Bíblia diz: "*Quem responde antes de ouvir comete insensatez e passa vergonha*".⁴

Muitas empresas novas vão à falência por causa do entusiasmo sem entendimento. A pessoa tem uma "grande ideia" para abrir um negócio, mas não vai atrás dos fatos. Pela mesma razão, muitos casamentos fracassam: entusiasmo sem entendimento. As pessoas acham que estão apaixonadas, mas não enfrentam a verdade nua e crua. Sua decisão só se baseia no sentimento.

Então, qual é a solução? A solução é perguntar: "O que preciso saber antes de tomar essa decisão?". A resposta é: você precisa obter os fatos.

PRINCÍPIO 3: PEÇA CONSELHOS

Converse com alguém que tomou uma decisão semelhante. Converse com amigos que conhecem suas qualidades e seus defeitos. Busque conselhos sábios e apoio na oração de pessoas que conhecem a Palavra de Deus e que não têm medo de lhe falar a verdade. Conforme observamos em Provérbios 24:6: *"Quem sai à guerra precisa de orientação, e com muitos conselheiros se obtém a vitória"*.

Você também pode recorrer à Bíblia para obter conselhos sábios. Lemos em Romanos 15:4: *"Pois tudo o que foi escrito no passado foi escrito para nos ensinar"*. A Bíblia está cheia de histórias de pessoas reais que aprenderam lições de vida incríveis — tanto boas como más. Veja Jonas, por exemplo. Ele era uma pessoa que sabia do plano de Deus, mas decidiu fugir dele. Mas, apesar de Jonas ter cometido alguns erros, também agiu muitas vezes de forma acertada. A boa notícia é que podemos aprender com as experiências boas e más da vida de Jonas.

É sábio aprender com nossas experiências, porém é mais sábio aprender com as experiências dos outros. Não tenho tempo para aprender tudo a partir da minha própria experiência. Não tenho tempo para cometer todos os erros possíveis na vida, nem você. Você pode aprender com os acertos e com os fracassos das outras pessoas. Se você for uma pessoa sábia, nem tentará aprender tudo em primeira mão. Você pedirá conselhos e aprenderá com a experiência dos outros. Pode acreditar que isso é bem menos doloroso.

O problema é que geralmente *pareceremos* sábios em vez de realmente *sermos*. Achamos que, se pedirmos conselhos, pareceremos pessoas tolas. Porém, a Bíblia diz que as pessoas sábias pedem conselho. A humildade e a sabedoria caminham lado a lado. Se você se recusa a pedir conselho, está com um problema de "ego". A Bíblia diz: *"O coração deles* [dos arrogantes] *é insensível*".[5] Eles são estúpidos porque não têm disposição para aprender.

> **O PROBLEMA É QUE GERALMENTE *PARECEREMOS* SÁBIOS EM VEZ DE REALMENTE *SERMOS*.**

Se você não aprender com as outras pessoas, nunca terá sucesso na vida. Assim lemos em Provérbios 20:18: "*Os conselhos são importantes para quem quiser fazer planos, e quem sai à guerra precisa de orientação*".

Um dos melhores lugares para aprender com as pessoas e encontrar sonhadores de Deus é sua igreja local. Se você não congregar em uma igreja, pode encontrar uma. É bem provável que existam muitas igrejas boas em sua região. Não existe cristão solitário. Você precisa ter uma família da igreja.

Portanto, humilhe a si mesmo e pergunte: "Com quem posso conversar e pedir conselho?".

PRINCÍPIO 4: CALCULE O PREÇO

Toda decisão tem um preço. Exige tempo, dinheiro, energia, reputação, talento e recursos. Sempre há um investimento a fazer. A Bíblia diz em Provérbios 20:25: "*É uma armadilha consagrar algo precipitadamente, e só pensar nas consequências depois que se fez o voto*". É uma armadilha decidir sem refletir, prometer sem ponderar, assumir um compromisso sem considerar o preço dele.

Quando as pessoas pressionam você a decidir, não há problema em dizer: "Depois eu dou um retorno". É mais importante tomar uma decisão certa do que tomar uma decisão rápida — e a decisão certa tem de ser fundamentada. Aqui está uma lei da vida: é mais fácil entrar em um projeto do que sair dele. Você acha que é mais fácil entrar em uma dívida ou sair dela? É mais fácil envolver-se em um relacionamento ou terminá-lo? É mais fácil encher a agenda ou cumprir os compromissos dela? Pode ter certeza de que sempre é mais fácil a primeira dessas opções. Por essa razão, você tem de calcular o preço.

Jesus disse:

> Qual de vocês, se quiser construir uma torre, primeiro não se assenta e calcula o preço, para ver se tem dinheiro suficiente para completá-la? [...] Ou qual é o rei que, pretendendo sair à guerra contra outro rei, primeiro não se assenta e pensa se com dez mil homens é capaz de enfrentar aquele que vem contra ele com vinte mil?.[6]

Toda decisão tem um preço. Você tem de perguntar: "Será que esse é um preço que vale a pena ser pago?".

PRINCÍPIO 5: PREPARE-SE PARA OS PROBLEMAS

Acho que você se lembra da Lei de Murphy: "Tudo o que pode dar errado *certamente dará*". Os problemas são inevitáveis. Eles fazem parte da vida! Até Jesus disse: "*Neste mundo vocês terão aflições*".[7] Não dá para ignorar os problemas, porque os problemas não o ignorarão. Em vez disso, você tem de se preparar para eles. A Bíblia diz: "*O prudente percebe o perigo e busca refúgio*".[8]

Nesse processo de preparação, espere o melhor, mas se prepare para o pior. Espere que Deus o orientará na busca de seu sonho, mas também se prepare para os problemas que virão pela frente. Toda boa ideia tem algo errado que a acompanha. Isso não quer dizer que você não deva adotá-la; indica tão somente que você precisa ter consciência disso e se preparar.

O rei Salomão disse a mesma coisa em Provérbios 27:12: "*O prudente percebe o perigo e busca refúgio; o inexperiente segue adiante e sofre as consequências*". O sábio tem consciência de que os problemas acompanham todas as decisões e se prepara para eles.

Existe uma grande diferença entre preparar-se para um problema e resolvê-lo. Nunca confunda tomar decisões com resolver problemas. Trata-se de coisas completamente diferentes. Se você tiver de resolver todos os problemas antes de tomar decisões, nunca chegará a lugar algum. Na fase da decisão da fé, você se prepara para os problemas, mas não tenta resolver todos eles antes da hora.

> **NUNCA CONFUNDA TOMAR DECISÕES COM RESOLVER PROBLEMAS.**

Quando, em 1961, o presidente Kennedy anunciou que os Estados Unidos enviariam um homem à Lua por volta do final daquela década, a tecnologia que eles precisavam para alcançar esse propósito ainda não existia. Parte dela nem mesmo havia sido pensada. A NASA calculou os riscos e se preparou para os problemas, mas não resolveu todos os problemas antes de a decisão ter sido tomada. Depois que isso aconteceu é que eles começaram a resolver os problemas.

Quando minha esposa, Kay, e eu abrimos a Igreja Saddleback, não tínhamos dinheiro, membros ou um templo — mas não permitimos que isso nos paralisasse. Sabíamos muito bem dos problemas envolvidos, mas não resolvemos todos eles antes de agirmos.

A Bíblia diz: *"Se você esperar que tudo fique normal, jamais fará qualquer coisa"*.⁹ O perfeccionismo é inimigo do progresso. Ele nos leva a adiarmos o que temos de fazer. Paralisa o potencial. Reconheça a verdade, meu amigo: as condições perfeitas nunca virão. Sempre haverá uma razão para dizer não. Mas só porque você tem uma razão para dizer "não", isso não significa que não esteja no momento de dizer "sim".

Se não houvesse nenhuma razão para dizer "não", então você não precisaria de fé — e, sem fé, é impossível agradar a Deus. Deus traz sua provisão de acordo com as necessidades que vão surgindo. Ele quer que você dependa dele. Não tente resolver todos os problemas logo de cara. As respostas começam a vir desde que você comece a agir.

Então, pergunte a si mesmo: "O que poderia dar errado, e será que estarei pronto para lidar com isso quando acontecer?".

PRINCÍPIO 6: ENFRENTE SEUS MEDOS

O medo é a raiz de toda indecisão: medo de errar, de fracassar, de passar vergonha, de assumir um compromisso que não conseguirá honrar, de alguém rir de você ou rejeitá-lo, ou mesmo medo de que o sonho de Deus para sua vida nunca se realize. É sempre o medo que nos impede de tomar decisões.

- Abraão disse: "Sou velho demais".
- Moisés disse: "Não sei falar".
- Gideão disse: "Não sei lutar".
- Isaías disse: "Sou pecador demais".
- Jeremias disse: "Sou novo demais".

Qual é a sua desculpa? Deus tem um sonho para sua vida. Você pode estar dizendo: "Não tenho tempo... Não tenho dinheiro... Não tenho experiência... Não tenho formação... Não tenho contatos... Não tenho recursos. Ah, mas se eu fosse casado!... Mas se eu *não* fosse casado!... Mas se eu fosse mais velho!... Mas se eu fosse mais novo!...". É o medo que o está impedindo de tomar a decisão que Deus quer de você.

Deus sempre usou pessoas imperfeitas em situações imperfeitas para cumprir sua vontade perfeita. Se você estiver esperando que a pessoa perfeita apareça, tenho algo a lhe dizer: ela nunca virá, pois ela nem mesmo existe! Se estiver esperando pela situação perfeita, ou que todas as coisas se resolvam, ou que algumas coisas terminem antes que você realmente entregue sua vida a Cristo, essas coisas não acontecerão. Os compromissos básicos da vida têm de ser firmados enquanto se vai vivendo. A vida é contínua.

Qual é o antídoto do medo? Fé. Lemos em Romanos 8:31: *"Se Deus é por nós, quem será contra nós?"*. Confie em Deus e comece a ir atrás do seu sonho apesar dos problemas, dos medos e das dúvidas. O segredo de se manter caminhando é agir contra seu medo e fazer aquilo que mais aterroriza você.

Se Deus lhe deu um sonho e você sabe que é da vontade dele, então tome a decisão e aja apesar do seu medo. Veja o Mar Vermelho se abrir! Olhe as muralhas ruindo! Observe a pedra sendo removida do túmulo! Contemple Deus fazendo um milagre em sua vida.

Quando eu não tenho fé para fazer alguma coisa, sigo em frente e faço do mesmo jeito, como se tivesse fé. Depois ela aparece. Uma fé pequena em um grande Deus alcança grandes resultados.

Então, faça a seguinte pergunta: "Do que tenho medo?".

TOME A DECISÃO

Você tem uma decisão a tomar. A verdade é que deixar de tomar uma decisão continua sendo uma decisão. Você nada mais é que a soma de suas escolhas. São elas que definem seu caráter. Você tem de assumir os compromissos e as decisões que precisa tomar. Deus não o forçará a

DECIDINDO AGIR

tomar nenhuma decisão, nem tomará nenhuma decisão por você. Ele lhe deu liberdade de escolha.

Pelo amor de Deus, faça algo grandioso em sua vida, em nome de Jesus! Não jogue sua vida fora. Não viva na mediocridade. Não se limite a sobreviver. Tome as decisões que determinarão seu destino.

CAPÍTULO 4

PERSEVERANDO EM MEIO À *espera*

> Essas coisas que
> planejei não acontecerão,
> porém, imediatamente.
> Devagar, firmemente,
> e com certeza, vai
> se aproximando o
> tempo em que a visão
> será cumprida.

HABACUQUE 2:3 (BÍBLIA VIVA)

SERÁ QUE VOCÊ está parado há muito tempo na sala de espera de Deus?

Os sonhos não se realizam de forma imediata. Você já refletiu sobre a razão pela qual Deus espera para responder à sua oração? Se ele ouve e tem poder para responder, por que está tardando em fazê-lo? Existe quase sempre um período de espera quando se está seguindo Deus pela fé.

- Noé esperou 120 anos desde o momento em que começou a construir a arca até começar a chover.
- Abraão esperou cem anos para que Isaque, seu filho prometido, nascesse.
- José passou anos na prisão esperando em Deus para cumprir seu destino.
- Daniel esperou setenta anos para ver seu povo retornar para Jerusalém de seu cativeiro na Babilônia.
- Até Jesus esperou trinta anos em uma carpintaria antes de começar seu ministério.

A espera sempre acontece.

A história clássica da espera é a dos filhos de Israel, que foram libertados do Egito por Deus e depois deram voltas no deserto por quarenta anos antes de entrarem na terra prometida. O caminho a pé do Egito para Israel leva por volta de duas semanas, mas eles levaram quarenta anos para chegar lá. O que será que eles estavam fazendo? O que será que Deus estava fazendo?

A Bíblia diz o seguinte a respeito dessa demora:

> Quando o faraó deixou sair o povo, Deus não o guiou pela rota da terra dos filisteus, embora este fosse o caminho mais curto, pois disse: 'Se eles se defrontarem com a guerra, talvez se arrependam e voltem para o Egito'. Assim, o SENHOR fez o povo dar a volta pelo deserto, seguindo o caminho que leva ao mar Vermelho.[1]

O povo de Deus passou pela espera porque havia um propósito. Deus sabia que, se eles fossem para a guerra, talvez não fossem capazes de lidar com ela. Então, ele os guiou pelo caminho mais longo para o Mar Vermelho. Em seguida, quando eles atravessaram de maneira milagrosa o Mar Vermelho, Deus os fez andar em círculos pelo deserto por quarenta anos.

Por que Deus faz as pessoas esperarem? Bem, por três razões. Às vezes, Deus usa a espera para nos proteger *de* dificuldades. Às vezes, ele a usa para nos preparar *para* as dificuldades. Outras vezes, ele a usa para nos fazer crescer *em meio* às dificuldades. A Bíblia diz:

> O Senhor [...] os conduziu por todo o caminho no deserto, durante estes quarenta anos, para [...] pô-los à prova, a fim de conhecer suas intenções, se iriam obedecer aos seus mandamentos ou não".[2]

O modo pelo qual você reage à demora de Deus não passa de um teste da sua maturidade. Deus está fazendo você crescer enquanto espera. Um cogumelo leva somente seis horas para crescer, mas um carvalho leva sessenta anos. Então, o que você quer ser quando crescer: um cogumelo ou um carvalho? Lemos em Tiago 1:4: *"E a perseverança deve ter ação completa, a fim de que vocês sejam maduros e íntegros, sem lhes faltar coisa alguma"*.

Quando você está sentado em uma das salas de espera de Deus, existem quatro coisas que não deve fazer porque elas somente farão com que a espera seja maior: não tenha medo, não se irrite, não desanime e não se esqueça. Essas atitudes revelam descrença.

NÃO TENHA MEDO

Existem muitas razões para as esperas da vida, mas o medo sempre é nossa culpa. Deus levou seu povo até a margem do rio Jordão e disse: "Aí está! Essa é a terra prometida! Podem conquistar porque ela é de vocês!". Mas a Bíblia diz que eles tinham medo do povo que morava lá. Eles passaram pela demora por causa do medo.

O medo em relação a outras pessoas é uma das maiores barreiras para se conquistar o sonho de Deus. A Bíblia diz: *"Quem teme ao homem cai em armadilhas, mas quem confia no SENHOR está seguro"*.[3] Os israelitas tiveram fé suficiente para sair do Egito, mas não para conquistar a terra prometida. Eles passaram por um período de espera porque tinham medo e Deus os fez esperar mais quarenta anos no deserto.

Será que você não consegue sair do deserto por medo da oposição dos outros? Será que sua preocupação é tão grande com a opinião deles que você não consegue conquistar a sua terra prometida? O problema do medo é que ele prende você ao deserto. O medo torna a espera ainda mais prolongada. Quem sabe muitos dos seus sonhos nunca sejam realizados não porque Deus o esteja impedindo, mas por *sua* causa — porque você não tem coragem de dar o primeiro passo de fé. Você acha que está esperando em Deus, mas é Deus quem está esperando você.

O MEDO TORNA A ESPERA MAIS PROLONGADA.

Quando você tem medo de ir atrás do sonho que Deus lhe deu, precisa focar na presença de Deus, porque, quando ele é por você, não importa quem será contra você (Romanos 8:31). Lemos em Isaías 41:10: "*Não tema, pois estou com você; não tenha medo, pois sou o seu Deus. Eu o fortalecerei e o ajudarei; Eu o segurarei com a minha mão direita vitoriosa*". Deus não se esqueceu de você. Ele realmente prometeu: "*Nunca o deixarei, nunca o abandonarei*".[4] Isso quer dizer que em nenhum instante ele deixa de acompanhar você. Ele está com você neste momento! Ele está com você nos dias bons e nos dias ruins. Ele está com você quando você sente a presença dele e quando o céu parece ser de bronze. Ele diz: "Sempre estarei com você". Nada tema, pois com Deus não há problema algum. Portanto, não tenha medo! Em vez disso, foque na presença de Deus. Ele está com você o tempo todo.

Você pode estar passando por um período de espera neste momento. Você tem orado muito por alguma coisa, mas ela ainda não aconteceu. Você fica imaginando se Deus se esqueceu de você. Mas eu quero lhe dizer que Deus nunca se esquece de você, e você não está sozinho. Trata-se de uma espera planejada. Deus conhece aquilo pelo qual você está passando. Ele quer fortalecer seu caráter e ajudar você a confiar nele. Você pode contar com a ajuda de Deus! Existem 365 declarações dizendo "não temas" na Bíblia. Isso equivale a uma declaração por dia do ano! Deus quer que você entenda essa mensagem: não tenha medo! A resposta à sua oração está chegando. É preciso apenas ficar firme!

NÃO SE IRRITE

Tenho certeza de que existe uma placa na sala de espera de Deus que diz: "Deixe a irritação de lado e comece a confiar". Será que você não fica contente com o fato de que Deus nos entende? Ele conhece nossa tendência à preocupação. Ele sabe que, quando as coisas demoram muito, começamos a ficar tensos e a reclamar — exatamente o que os israelitas fizeram.

"*Mas o povo ficou impaciente no caminho e falou contra Deus e contra Moisés, dizendo: 'Por que vocês nos tiraram do Egito para morrermos no deserto? Não há pão! Não há água! E nós detestamos esta comida miserável!'*".[5]

A irritação era um dos pecados que mantinham os israelitas do lado de fora da terra prometida. Eles se preocupavam e reclamavam o tempo todo, independentemente do que Deus fazia em benefício deles. Uma hora, reclamavam da viagem. Na hora seguinte, reclamavam que a viagem estava demorando. Depois reclamavam da liderança. Quando não havia água, eles reclamavam e logo Deus a providenciava. Outra hora, eles reclamavam que faltava comida, então Deus a providenciava. Daí eles reclamavam da comida que Deus lhes dera. Do mesmo modo que os israelitas, é fácil para nós reclamarmos quando somos forçados a esperar.

Entretanto, irritação é perda de tempo. É a mesma coisa que se agitar sem resolver coisa alguma. É como juntar os ingredientes sem cozinhar. É como se sentar em uma cadeira de balanço. Você gasta muita energia, mas não chega a lugar algum. Você vai e vem, vai e vem... devo ou não devo... ele vai ou não vai... eles vão ou não vão... vai e vem, e esse vaivém não serve para absolutamente nada.

A Bíblia diz: *"Descanse no SENHOR e aguarde por ele com paciência* [...] *não se irrite: isso só leva ao mal"*.[6] Deus não quer que você se irrite nem que fique nervoso. Ele quer que você mantenha a calma. A irritação é uma reação que vem do medo, mas descansar é um ato de fé.

É frustrante estar com pressa enquanto Deus não está — e Deus nunca está com pressa. Ele nunca se atrasa nem se precipita. Ele sempre vem na hora certa. Ele não precisa da sua ajuda para acelerar as coisas, mas ele deseja encarecidamente sua cooperação, e ele quer que você confie no tempo dele. A Bíblia diz em

Eclesiastes 3:11: "*Ele fez tudo apropriado a seu tempo*". O tempo de Deus é perfeito!

Em vez de se chatear, a Bíblia diz que você deve fazer o seguinte: "*Tudo o que for verdadeiro, tudo o que for nobre, tudo o que for correto, tudo o que for puro, tudo o que for amável, tudo o que for de boa fama, se houver algo de excelente ou digno de louvor, pensem nessas coisas* [...] *E o Deus da paz estará com vocês*".[7] Quando você passar o tempo pensando nas coisas que Deus ama, experimentará a paz que vem dele.

NÃO DESANIME

Quando você passa pelas esperas da vida, não desanime. Não perca o ânimo nem desista do seu sonho. Em vez disso, espere em Deus. Lemos em Isaías 40:31: "*Aqueles que esperam no Senhor renovam as suas forças. Voam bem alto como águias; correm e não ficam exaustos, andam e não se cansam*". Quem são aqueles que não desanimam? São aqueles que esperam no Senhor.

Essa foi a terceira coisa que manteve Israel longe da terra prometida: "*Todos os israelitas queixaram-se contra Moisés* [...] *'quem dera tivéssemos morrido no Egito!* [...] *Escolheremos um chefe e voltaremos para o Egito!*'".[8] Nada esgota a sua força mais rápido do que a murmuração e a reclamação.

As palavras "Quem dera" e "voltaremos" são sinais que mostram desânimo: "Quem dera eu tivesse ficado onde estava! Ah, se eu tivesse feito *isso* ou *aquilo*". Quando olhamos para trás, começamos a duvidar de nós mesmos:

"Talvez eu não tenha realmente ouvido a Deus. Quem sabe eu tenha inventado tudo isso? Pode ser que Deus não esteja ouvindo, nem sei se ele se importa com isso". Logo após, passamos a idealizar o passado: "Voltemos para o 'Egito' — bons tempos aqueles!". O problema com os bons tempos é que eles realmente não eram tão bons assim. Na maioria das vezes, a única coisa boa deles é o fato de terem terminado. Em geral, os bons tempos parecem melhores quando olhamos para trás. Quase sempre esquecemos as dificuldades anteriores quando nos deparamos com novos desafios.

Os israelitas tinham vivido em escravidão no Egito por quatrocentos anos e agora eles queriam voltar. Algumas pessoas preferem viver na escravidão do passado a enfrentar o medo da liberdade. Elas não estão dispostas a prosseguir e lutar para resolver o problema. Elas querem desistir e retornar. Elas se contentam com a mediocridade na vida. Conformam-se em parar bem no meio do caminho que conduz ao melhor de Deus.

Em vez de se cansar ou desistir, seja persistente e ore. Deus disse a Josué para marchar ao redor das muralhas de Jericó para que as muralhas ruíssem. Mas isso não aconteceu na primeira tentativa. Os israelitas tiveram de marchar ao redor da cidade por sete vezes seguidas e, no sétimo dia, eles tiveram de marchar sete vezes mais. Por que houve tanta demora? Por que as muralhas não caíram logo na primeira vez? Porque Deus estava ensinando seu povo a ser persistente e orar.

A Bíblia diz: *"Não nos cansemos de fazer o bem, pois no tempo próprio colheremos, se não desanimarmos"*.[9]

Sempre há uma espera entre a semeadura e a colheita. Você planta em uma estação e colhe na outra. Deus quer ver se você continuará cultivando, plantando e semeando enquanto espera que seu sonho se torne realidade. Ele quer ver se você realmente leva o sonho a sério. Quando Deus vê coerência em sua vida, então a colheita vem — mas ela não virá imediatamente. Sabe o motivo? Porque, se não houver espera, não haverá nem desenvolvimento de caráter nem fortalecimento na fé.

> **SEMPRE HÁ UMA ESPERA ENTRE A SEMEADURA E A COLHEITA.**

Jesus nos disse que devemos *"orar sempre e nunca desanimar"*.[10] As duas opções que temos na vida são "orar sempre" ou "desanimar". Ou se escolhe uma ou se escolhe outra. Se você orar sempre, não desanimará, mas, se não perseverar em oração, isso certamente acontecerá. Você terá de orar persistindo e terá de persistir orando.

Nesta terceira fase, que é a espera, você tem de fazer uma escolha: "Entrarei em pânico ou continuarei a orar?". O procedimento de orar desta maneira: "Senhor, me ajude a continuar e nunca desistir" ajuda a não ter medo, a não se irritar e a não desistir.

NÃO SE ESQUEÇA

Quanto maior for a espera, mais curta fica nossa memória. Quando a espera chega, tendemos a nos esquecer do

CRIADO PARA SONHAR

nosso sonho. Esquecemos quanto Deus foi bom conosco no passado. Esquecemos que Deus está conosco. Esquecemos o poder de Deus. E começamos a nos concentrar em todos os nossos problemas em vez de nos lembrarmos daquilo que Deus fez por nós.

Esse foi o quarto erro dos israelitas no deserto. A Bíblia nos diz isto:

> Não se lembraram das muitas manifestações do teu amor leal [de Deus] e rebelaram-se junto ao mar, o mar Vermelho. Contudo, ele os salvou por causa do seu nome, para manifestar o seu poder [...] Mas logo se esqueceram do que ele tinha feito e não esperaram para saber o seu plano".[11]

Observe que essa passagem diz que eles se esqueceram das muitas vezes que Deus os tinha abençoado.

É inacreditável como a memória deles era curta. Deus enviara dez pragas ao Egito para garantir a liberdade dos israelitas, mas eles se esqueceram disso poucos dias depois, quando achavam que encontrariam a morte no Mar Vermelho. Então, Deus, milagrosamente, abriu o Mar Vermelho e eles o atravessaram a seco, mas se esqueceram de tudo isso poucos dias depois, quando acharam que morreriam de sede. Depois, Deus, milagrosamente, providenciou água no deserto, mas eles se esqueceram poucos dias depois, quando acharam que morreriam de fome. Eles estavam constantemente se esquecendo daquilo que Deus fazia por eles.

Não devemos ser rápidos demais em julgar os israelitas porque também nós fazemos a mesma coisa. Quando entramos em um período de espera, começamos a agir como se Deus não tivesse feito nada por nós. Será que Deus fez mesmo coisas boas para você no passado? É claro que sim e você pode estar certo de que ele continuará fazendo. Porém, quando você age como se Deus não fosse tirar você de um problema que está enfrentando, está se esquecendo de todas as outras vezes que ele veio em seu socorro.

Lemos em Salmos 103:2 o seguinte: *"Bendiga ao Senhor a minha alma! Não esqueça nenhuma de suas bênçãos!"*. Você já esqueceu alguma coisa a respeito da bondade de Deus? Como ele o ajudou no passado? Antes de seguir para o próximo capítulo, quero que pegue uma folha de papel e anote tudo o que Deus já fez por você. Reflita sobre isso. Quais foram as orações a que ele respondeu? Quais foram as necessidades que ele já supriu? Quais foram as dificuldades que ele o ajudou a enfrentar? Peço que você anote todas essas coisas. Garanto que isso fortalecerá sua fé para tudo o que você estiver fazendo hoje.

DURANTE A ESPERA

Se você acha que Deus está demorando muito para realizar seu sonho, lembre-se de que a Bíblia diz: *"O Senhor não demora em cumprir a sua promessa [...] Pelo contrário, ele é paciente com vocês"*.[12] Com certeza, Deus pode fazer tudo de imediato, mas ele tem intenções mais profundas. Ele quer que você aprenda uma lição antes de trazer a solução. Ele quer dar a você crescimento antes de lhe dar livramento.

Você pode achar que está pronto, mas Deus sabe que você ainda está verde. A espera impede que você se coloque à frente de Deus. Ensina você a confiar nele. Ensina também que o tempo de Deus é perfeito e que você não está no controle.

Deus nunca tem pressa. As esperas que surgem na sua vida não frustram o propósito de Deus; elas *cumprem* o propósito de Deus. Fazem de você uma pessoa melhor — alguém mais parecido com Jesus Cristo.

Então, o que você está esperando que Deus faça? Está esperando que ele resolva algum problema? Que ele responda a uma oração? Que ele abra caminho em um lugar que parece impossível — na vida financeira, nos relacionamentos, na carreira? Talvez você esteja esperando que Deus traga a pessoa certa. Talvez você esteja esperando em Deus para transformar uma crise em vitória. Deus não se esqueceu de você. A espera não quer dizer que você esteja fora do alcance da vontade de Deus.

Há uma grande diferença entre o "não" e o "ainda não". Muitas vezes, Deus diz "ainda não", mas nós achamos que ele está dizendo "não". Por isso a reação mais comum na fase da espera é a dúvida. Começamos a pensar: "Talvez eu tenha entendido errado a visão de Deus. Talvez Deus tenha mudado de ideia. Possivelmente eu fiz algo de errado". Mas volto a dizer que a espera não quer dizer que você esteja fora de alcance da vontade de Deus. A espera nunca destrói o propósito dele para sua vida.

A Bíblia diz:

> Essas coisas que planejei não acontecerão, porém, imediatamente. Devagar, firmemente, e com certeza, vai se

aproximando o tempo em que a visão será cumprida. Se parecer demorar muito, não se desespere, porque tudo vai acontecer mesmo! Seja paciente! O cumprimento dessa promessa não vai chegar nem um dia atrasado!".[13]

> **A ESPERA NÃO QUER DIZER QUE VOCÊ ESTEJA FORA DE ALCANCE DA VONTADE DE DEUS.**

Deus cumprirá o propósito dele em sua vida se você não tiver medo, não se irritar, não desanimar nem se esquecer.

CAPÍTULO 5

LIDANDO COM AS
dificuldades

> Neste mundo vocês terão aflições; contudo, tenham ânimo! Eu venci o mundo.
>
> JOÃO 16:33

TODA PROVAÇÃO tem algo a ensinar. Toda tempestade é uma escola. Toda experiência é educativa. Toda dificuldade é útil ao nosso desenvolvimento.

Vamos recordar as fases da fé que estudamos até agora: na fase 1, Deus lhe dá um sonho sobre aquilo que ele quer fazer com a sua vida. Na fase 2, você decide ir atrás do sonho. Então, logo em seguida, vem a fase 3, que consiste na espera inevitável, e, justamente quando você acha que não consegue mais esperar, entra na fase 4: a dificuldade.

Jesus disse que isso aconteceria. Ele disse em João 16:33: *"Neste mundo vocês terão aflições; contudo, tenham ânimo! Eu venci o mundo"*. Os problemas fazem parte da vida. A questão não é se você passará por dificuldades. Na verdade, é sobre qual será sua reação a elas. Sua reação revela sua maturidade emocional e espiritual.

Poucas pessoas enfrentaram as dificuldades que o apóstolo Paulo vivenciou. Veja o que ele disse a respeito dos seus problemas:

> Trabalhei muito mais, fui encarcerado mais vezes, fui açoitado mais severamente e exposto à morte repetidas vezes. Cinco vezes recebi dos judeus trinta e nove açoites. Três vezes fui golpeado com varas, uma vez

apedrejado, três vezes sofri naufrágio, passei uma noite e um dia exposto à fúria do mar. Estive continuamente viajando de uma parte a outra, enfrentei perigos nos rios, perigos de assaltantes, perigos dos meus compatriotas, perigos dos gentios; perigos na cidade, perigos no deserto, perigos no mar e perigos dos falsos irmãos. Trabalhei arduamente; muitas vezes fiquei sem dormir, passei fome e sede, e muitas vezes fiquei em jejum; suportei frio e nudez. Além disso, enfrento diariamente uma pressão interior, a saber, a minha preocupação com todas as igrejas.[1]

Apesar de todos os problemas que Paulo passou durante todo o seu ministério, ele nunca desistiu do sonho de Deus para sua vida. Ele tinha uma perspectiva bem mais ampla. Paulo escreveu: *"Por isso não desanimamos. Embora exteriormente estejamos a desgastar-nos, interiormente estamos sendo renovados dia após dia".*[2] Ele prosseguiu dizendo em 2Coríntios 6:4: *"Como servos de Deus, recomendamo-nos de todas as formas: em muita perseverança; em sofrimentos, privações e tristezas".* A perseverança constante é a chave do sucesso.

Uma das maiores dificuldades na vida de Paulo é descrita no capítulo 27 de Atos. Paulo foi levado de navio para Roma como prisioneiro. Ele avisou ao capitão e à tripulação que não saíssem do porto, pois Deus lhe tinha dito que haveria uma tempestade. O capitão ficou cada vez mais impaciente e decidiu partir de qualquer maneira, e eles navegaram diretamente para a tragédia.

LIDANDO COM AS DIFICULDADES

A tripulação cometeu três erros comuns quando decidiu seguir viagem. E esses nada mais são que os mesmos erros que você e eu cometemos, e que, em geral, nos conduzem a situações problemáticas.

Em primeiro lugar, eles ouviram maus conselhos. Lemos em Atos 27:11: "[Seguiram] *o conselho do piloto*". Deus já lhes dissera para não partirem, mas, como o "especialista" disse que não havia problema, eles partiram. Existem muitos especialistas neste mundo. Eles estão em todos os programas de entrevistas e em todos os programas de notícias. Porém, quando Deus lhe diz para fazer uma coisa e todos os "experts" do mundo contrariam sua palavra, não os ouça. Ouça o que Deus diz.

O segundo erro da tripulação é que eles seguiram a multidão. Eles cederam à pressão do grupo. Havia 276 pessoas a bordo do navio. Lemos o seguinte no versículo 12: "*A maioria decidiu que deveríamos continuar navegando*". Uma frase que você ouvirá com frequência é: "Mas todo mundo está fazendo isso!". E daí? Em geral, a maioria está errada. Os lemingues são pequenos roedores conhecidos por seguir uns aos outros pulando de um penhasco e se afogando no oceano. Sabe-se também que grupos de baleias encalham nas praias, uma após outra. Se todos estão fazendo isso, então ninguém usa a cabeça. Se Deus diz que não ou acena em outra direção, então ele é o único a quem você deve seguir.

O terceiro erro que eles cometeram foi confiar nas circunstâncias. Vemos no versículo 13: "*Começando a soprar suavemente o vento sul, eles pensaram que haviam obtido o que desejavam".* A tripulação achou que era um dia bom para navegar, mas as circunstâncias nem sempre são o que parecem. Embora, aparentemente, não houvesse problemas para navegar pelo oceano, Deus já tinha proibido isso — e eles imediatamente se dirigiram para o meio da tempestade.

Você não deve entrar por todas as portas que vê. Não deve levar vantagem de todas as oportunidades que surgem pelo caminho. Você não deve aceitar todas as ofertas de emprego que receber. Você não deve sair com todas as pessoas que o convidam. Em cada oportunidade, você deve perguntar se ela está de acordo com a vontade de Deus.

Você já passou por algum naufrágio em sua vida? Quem sabe você tenha passado por um naufrágio emocional. Pode ter passado por um naufrágio nos relacionamentos. Já passou por algum naufrágio nas finanças, na carreira, na saúde? O que você deve fazer quando passa por esse tipo de dificuldade?

> EM CADA OPORTUNIDADE, VOCÊ DEVE PERGUNTAR SE ELA ESTÁ DE ACORDO COM A VONTADE DE DEUS.

No capítulo 27 de Atos, aprendemos três coisas que devem ser feitas quando lidamos com as dificuldades: identifique a razão, avalie o resultado e decida a reação correta.

IDENTIFIQUE A RAZÃO

Faça a seguinte pergunta: "O que causou este problema?"

Existem somente quatro causas de dificuldades em nossa vida. A primeira somos *nós mesmos*, o que indica que precisamos reconhecer: "Eu sou a causa principal dos meus problemas". Eu sei que é difícil admitir, mas a verdade é que somos nós mesmos que causamos a maioria dos problemas. A segunda causa são as outras pessoas. A terceira causa é o diabo e a quarta é o próprio Deus. Isso mesmo: Deus pode trazer dificuldades à nossa vida. Ele permite que os problemas entrem em nossa vida para nos chamar a atenção, para nos pôr à prova e moldar nosso caráter.

O problema mais difícil de tratar é quando você não passa de uma vítima inocente. Nem todos os naufrágios na vida são culpa sua. Às vezes você simplesmente está no lugar errado, na hora errada. Paulo era um prisioneiro; ele não tinha escolha. Ele passou por um naufrágio por causa das decisões equivocadas dos outros.

Quando você está passando por um momento difícil, como identifica sua causa? Você tem de orar sobre esse assunto e pedir ao Senhor que a revele. A Bíblia diz: *"Quando tentei entender tudo isso, achei muito difícil para mim, até que entrei no santuário de Deus"*.[3] Quando você adora a Deus, ele traz clareza à sua vida. Ele abre seus olhos para você ver as coisas do modo que ele as vê.

Então, em primeiro lugar, identifique a razão e faça a seguinte pergunta: "O que causou esse problema? Será que fui eu mesmo, ou foram as outras pessoas? Será que foi o diabo, ou foi o próprio Deus?".

AVALIE O RESULTADO

Faça a seguinte pergunta: "O que Deus quer que eu aprenda com essa dificuldade?"

Paulo escreveu em Romanos 5:3-4: "*Podemos nos alegrar, igualmente, quando nos encontrarmos diante de problemas e lutas pois sabemos que tudo isto é bom para nós — ajuda-nos a aprender a ser pacientes. E a paciência desenvolve em nós a força de caráter, e nos ajuda a confiar mais em Deus cada vez que a utilizamos*".[4] Deus quer ensinar você em meio aos seus problemas. Ele quer desenvolver seu caráter por meio de suas crises.

O problema é que a maioria de nós tem dificuldade de aprender. Em geral, não conseguimos absorver tudo da primeira vez, então Deus nos permite experimentar as mesmas dificuldades várias e várias vezes. Ele faz isso porque está mais interessado em seu caráter do que em seu conforto. Deus está mais interessado em transformar você à imagem de Cristo do que em facilitar as coisas para você.

Você pode estar passando por uma grande dificuldade neste momento, até mesmo um naufrágio. Pode ser uma doença, um medo, um problema financeiro ou um conflito de relacionamento. A que ponto você acha que ele quer que você chegue? Como Paulo disse, Deus quer que você tenha seu caráter fortalecido, e ele quer que você aprenda a confiar nele. Deus não quer que você desista do sonho; ele quer que você amplie cada vez mais sua semelhança com Jesus Cristo.

DECIDA QUAL SERÁ SUA REAÇÃO

Pergunte a si mesmo: "Como devo reagir ao meu problema?"

A vida não é justa e, algumas vezes, causa sofrimento — isso é um fato. Porém, cabe a nós a decisão sobre a forma de reagir. Podemos nos vestir de uma armadura ou de amargura. Podemos crescer ou esmorecer. Podemos ser a pessoa que Deus quer ou podemos murchar, e nosso coração endurecerá. A escolha é nossa.

O que acontece *com* você nem passa perto da importância do que acontece *dentro de* você. Sabe por quê? Porque o que acontece com você é temporário, mas o que acontece dentro de você é eterno. Tudo gira em torno do seu caráter, porque seu caráter é a única coisa que você levará para a eternidade.

> O QUE ACONTECE *COM* VOCÊ NEM PASSA PERTO DA IMPORTÂNCIA DO QUE ACONTECE *DENTRO DE* VOCÊ.

Então, como você deve reagir quando surgirem as dificuldades? A história de Paulo, no capítulo 27 de Atos, nos ensina três coisas que não devemos fazer e três coisas que devemos fazer quando nos encontramos nas tempestades da vida. Vamos começar pelas três coisas que não devemos fazer.

Não fique à deriva

Lemos em Atos 27:15: *"O navio foi arrastado pela tempestade, sem poder resistir ao vento; assim, cessamos as manobras e ficamos à deriva"*. O navio estava no meio do Mar Mediterrâneo. Os marinheiros não tinham visto nem o sol nem as estrelas por catorze dias. Porque não podiam se orientar, eles nem sabiam onde estavam. Então, perderam a esperança de chegar ao destino e simplesmente ficaram à deriva.

É isso que acontece com as pessoas que perdem a visão do seu objetivo, do seu propósito, do seu sonho de vida: elas ficam à deriva, em um mar de incertezas. Elas simplesmente ficam empurrando com a barriga para avançar. Outra maneira de ficar à deriva é deslizar. O problema de deslizar é que você só pega velocidade quando é levado montanha abaixo.

Não perca a visão do seu sonho quando a vida ficar difícil. Mantenha o foco em seu objetivo e naquilo que Deus está ensinando a você, e lembre-se de que ele não o abandonou para você seguir atrás do seu sonho sozinho.

Não jogue tudo fora

Lemos em Atos 27:18 que eles *"começaram a lançar fora a carga"*. Eles tinham sido tão atingidos pelo vento e pelas ondas que a tripulação começou a lançar fora a carga para deixar o navio mais leve. Em primeiro lugar, eles jogaram fora a carga, depois jogaram a armação do navio e, em seguida, os cereais. Eles se desfizeram das coisas por necessidade, porque a tempestade estava bem forte. Porém, o peso menor não diminuiu a tormenta.

Essa é uma reação comum às dificuldades. Quando a pressão aumenta e o estresse se torna insuportável, começamos a renunciar àquilo que realmente tem valor. Passamos a dizer: "Estou jogando a toalha. Desisto da minha família. Estou fechando a empresa. Estou abandonando meu sonho". Começamos a jogar fora coisas que não deveríamos. Comprometemos nossos valores, esquecemos nossa herança e desistimos dos nossos relacionamentos.

Alguns marinheiros tentaram abandonar o navio. Mas, em Atos 27:31, Paulo disse ao centurião: *"Se estes homens não ficarem no navio, vocês não poderão salvar-se"*. Então, os soldados cortaram as cordas do barco salva-vidas, de modo que ele fosse levado pelas ondas. Sem ter outro meio de escapar, todos se viram forçados a permanecer no navio. Deus não os deixaria fugir. Eles tinham de enfrentar a tempestade.

Você já fez isso com o seu casamento? Já cortou os barcos salva-vidas para que não houvesse como fugir? Você já disse algo assim: "Não temos opção de divórcio. Vamos fazer nosso casamento funcionar"? Se você não fizer isso, sempre passará pela tentação de abandonar o navio.

Se você não cortar as cordas do seu barco salva-vidas, nunca desenvolverá o caráter que Deus quer que você tenha. Sempre é mais fácil desfazer o compromisso do que desenvolver o caráter. Deus pode mudar as situações e a personalidade. Ele pode até mesmo transformar você! Mas isso não acontecerá se você estiver sempre fugindo. Deus diz: "Continue no barco". Não jogue fora os valores que você sabe que estão corretos e que são importantes para você.

Não se desespere

Lemos em Atos 27:20 o seguinte: *"Não aparecendo nem sol nem estrelas por muitos dias, e continuando a abater-se sobre nós grande tempestade, finalmente perdemos toda a esperança de salvamento"*. A esperança é sempre a última que morre. Paulo e a tripulação estavam passando por uma escuridão total por catorze dias. Eles não sabiam para onde estavam indo. Eles estavam sendo atirados de um lado para outro por forças incontroláveis. Eles tinham jogado fora a carga, a armação do navio e o alimento. Enfim, eles haviam perdido a esperança.

Mas eles se haviam esquecido de uma coisa: até mesmo em meio à tempestade, Deus está no controle de tudo. Ele não os tinha abandonado — e ele não abandonou você. Você pode não sentir sua presença, mas ele está com você em meio à sua tempestade. Ele o ajudará a passar por ela. Deus está testando você para ver se você confia nele.

O apóstolo Paulo tinha uma perspectiva correta a respeito de todas as dificuldades que enfrentara. Ele disse: *"Por isso não desanimamos. Embora exteriormente estejamos a desgastar-nos, interiormente estamos sendo renovados dia após dia, pois os nossos sofrimentos leves e momentâneos estão produzindo para nós uma glória eterna que pesa mais do que todos eles".*[5] Depois de tudo o que passou, tudo o que sofreu, Paulo sabia que, em comparação com a glória que o aguardava no céu, todas aquelas coisas não passavam de "sofrimentos leves e momentâneos". Ele tinha uma fé invencível. Ele sabia que os problemas não permanecem para sempre; eles certamente passarão.

E então? Qual é a reação adequada às dificuldades? Agora falarei sobre as três coisas que *devemos* fazer.

> OS PROBLEMAS NÃO PERMANECEM PARA SEMPRE; ELES CERTAMENTE PASSARÃO.

Temos de reconhecer nossa parcela de culpa

Se você causou problemas para si mesmo, confesse isso. Pare de culpar os outros. Pare de dar desculpas. Se você tem algum vício, admita isso. Se tem problemas de temperamento ou com sua própria língua, reconheça isso. Se você gasta mais do que ganha, admita isso. Jesus disse que, quando você conhece a verdade, *"a verdade o libertará"*.[6] Mas é somente a verdade que você conhece — a verdade que você enfrenta — que trará libertação.

O que você está fingindo que não é um problema e está impedindo que você alcance seu sonho? A Bíblia diz: *"Quem esconde os seus pecados não prospera, mas quem os confessa e os abandona encontra misericórdia*".[7] Quer ter mais uma chance? Então, reconheça sua participação no problema e assuma a responsabilidade.

Temos de enfrentar o problema

A única maneira de enfrentar uma tempestade é encará-la de frente. Não fuja dela. Não tente passar por baixo, por cima ou em volta dela. Você terá de enfrentá-la. Você nunca resolverá um problema fingindo que ele não existe.

Deus não fará você contornar a tempestade. Ele vai conduzi-lo *em meio* à tempestade. Se você tentar virar, capotará. Deus quer que você enfrente a tempestade, não que você tenha medo dela. Enfrente o conflito em seu relacionamento. Enfrente o conflito com a sua saúde. Enfrente o conflito no trabalho. Você nunca reconhecerá o milagre até reconhecer a própria impossibilidade. Deus nunca disse que seria fácil, mas ele promete: "Estarei com você". Você vai conseguir!

Temos de apelar para uma promessa

Quando você enfrentar um problema, encontre uma promessa. Existem mais de sete mil promessas na Bíblia às quais você pode recorrer quando estiver passando por tempos difíceis. Você pode superar o desânimo quando parar de focar no que poderia dar errado e começar a se concentrar nas promessas de Deus.

Tudo estava indo por água abaixo na tempestade — menos Paulo. Por que ele não estava desabando? Porque sua confiança estava em Deus, não no navio. Paulo mantinha-se firme na promessa de Deus. Em Atos 27:25, Paulo disse: *"Tenham ânimo, senhores! Creio em Deus que acontecerá do modo como me foi dito"*. Paulo sabia que Deus cumpriria suas promessas. Deus não disse que o navio aguentaria. Em vez disso, ele disse que a embarcação seria despedaçada. Mas Deus disse que certamente os homens seriam poupados — e isso, de fato, aconteceu: alguns foram nadando até a praia e outros chegaram flutuando com os pedaços do navio.

Talvez você esteja passando por uma tempestade neste exato momento. Seu navio pode não aguentar. Você pode perder a casa. Pode perder o carro ou até mesmo o emprego. Deus nunca prometeu manter todos os seus confortos à sua disposição. Porém, ele realmente disse que você vencerá a tempestade. Você pode nadar cachorrinho até a praia. Pode ser que você tenha de chegar flutuando num pedaço do navio. Mas você vai conseguir!

Nenhum de nós tem uma vida completamente resolvida; todos nós temos áreas em nossas vidas que estão despedaçadas. Seu coração pode estar partido, ou seu lar pode estar dividido. Entretanto, se você se apegar às promessas de Deus, vai chegar lá!

NÃO DESISTA

Será que a tempestade está ameaçando seu navio? Será que você se sente ferido e abatido? Será que você se sente como aquele navio no meio do Mediterrâneo, perdido na escuridão e perto de despedaçar? Será que as dificuldades estão adiando a realização do sonho? Você está na fase 4. Não desista — olhe para cima! Não se sinta ansioso nem tenha medo. Não se permita ficar à deriva ou abandonar seu sonho. Não abandone os valores e os relacionamentos que você sabe que são importantes. Não jogue fora suas convicções. Não se desespere nem largue a mão de Deus, pois ele prometeu: *"Nunca o deixarei, nunca o abandonarei"*.[8]

Não fique à deriva, não jogue tudo fora, não se desespere — e nunca, nunca perca a esperança. O propósito de Deus é maior do que os seus problemas.

CAPÍTULO 6

ENFRENTANDO OS
impasses

"O que é impossível para os homens é possível para Deus."

LUCAS 18:27

CÂNCER, DIVÓRCIO, despejo, falência, esterilidade, desemprego: essas são palavras de impasse — palavras específicas que parecem mais uma sentença. Elas trazem medo e desespero, e podem despedaçar seu sonho. Então, como você reage quando seu sonho se transforma em um pesadelo? O que você faz quando a vida perde o controle? Você começa a duvidar do amor e da sabedoria de Deus? Você questiona seu caráter? Você fica imaginando se Deus não passa de um manipulador cruel que lhe dá um sonho somente para ter a oportunidade de destruí-lo? Se você pensa assim, então já chegou à fase 5 da fé: a fase dos impasses.

Na fase dos impasses, você começa a perguntar: "O que está acontecendo, Deus? Será que não entendi direito a sua vontade? Será que não compreendi a sua visão? Ou será que foi simplesmente alguma coisa que eu inventei?

O IMPASSE DE MOISÉS

O melhor exemplo de impasse é quando Moisés tira os israelitas do Egito. Depois de Deus ter enviado dez pragas para castigar os egípcios por manter seu povo em escravidão, Faraó finalmente diz: *"Saiam imediatamente [...] vocês e os israelitas!"*.[1] Mas, logo depois, Faraó muda de ideia e envia seu exército para perseguir os israelitas, com o propósito de trazê-los de volta.

Mas, então, os israelitas ficam presos nas margens do Mar Vermelho, com montanhas por todos os lados, o mar à sua frente e o exército inimigo caindo sobre eles. Não havia como escapar — e esse era o lugar exato em que Deus queria que eles estivessem.

A Bíblia diz que o povo ficou com muito medo e reclamou, dizendo que eles deviam ter permanecido na escravidão no Egito em vez de morrer diante do Mar Vermelho. Algumas pessoas, até mesmo nos dias de hoje, prefeririam viver na escravidão a correr algum risco pela liberdade. Elas tomam a decisão de se acomodar a uma situação ruim que não é da vontade de Deus em vez de ir atrás do plano de Deus e confiar que ele pode fazer um milagre.

Talvez você sinta como se seu inimigo Satanás o estivesse perseguindo com todas as forças para levá-lo de volta ao vício, ao desespero ou a hábitos antigos que o escravizavam. Ele cochicha em seu ouvido: "Eu falei pra você! Você nunca será livre. Sua vida nunca valerá nada. Seu 'sonho' não passa de um delírio. Quem você pensa que é?".

Mas a pergunta sobre quem você pensa ser é errada. A certa é a seguinte: "Quem você pensa que Deus é?".

Por que os israelitas estavam diante do Mar Vermelho? Porque Deus os guiou até lá — e ele os levou até lá com um propósito. Embora o povo achasse que estava perdido, Deus estava reservando uma surpresa. Ele estava prestes a demonstrar seu poder de uma forma totalmente nova.

Moisés disse: *"Não tenham medo. Fiquem firmes e vejam o livramento que o* Senhor *lhes trará hoje, porque vocês nunca* mais verão os egípcios que hoje veem. O Senhor lutará por vocês; tão somente acalmem-se".[2]

Será que você foi colocado contra a parede? Acaso deseja nunca ter começado a ir atrás do sonho de Deus? Será que se encontra em uma perspectiva desfavorável? Está na hora de se manter firme e buscar a proteção e a provisão de Deus — mesmo quando não consegue enxergá-las. A Bíblia diz: *"Se vocês não ficarem firmes na fé, com certeza não resistirão".*[3]

Os israelitas estavam diante de um impasse, mas o livramento estava chegando.

O IMPASSE DE ABRAÃO

Abraão também chegou à quinta fase da fé. Deus lhe dera o sonho de ser o pai de uma grande nação. Aos 99 anos, Abraão e sua esposa estéril, Sara, ainda não tinham filhos. Então, quando Abraão completou cem anos, o filho prometido, Isaque, nasceu. Mas, no capítulo 22 de Gênesis, Deus pede que Abraão lhe entregue seu filho. Deus disse: *"Tome seu filho, seu único filho, Isaque, a quem você ama, e vá para a região de Moriá. Sacrifique-o ali como holocausto num dos montes que lhe indicarei".*[4]

O que Deus disse a Abraão pode ter sido perturbador, mas Deus o estava provando. Parecia que o sonho de Abraão para o futuro estava sendo tirado dele. Mas ele continuou a fazer o que Deus lhe disse, sabendo que Deus providenciaria um meio de escapar. A Bíblia nos diz: *"Ele* [Abraão] *creu que, se Isaque morresse, Deus o traria de volta à vida".*[5]

Você pode estar passando por um impasse hoje mesmo. Talvez esteja se perguntando: "Por que logo eu tenho de passar por isso?". É porque Deus está preparando você para a fase 6, a fase da fé do livramento. Deus está preparando você para o milagre. Quanto mais sombria for sua situação, ou mais desanimadoras forem as circunstâncias, ou mais as coisas parecerem desesperadoras, mais Deus está preparando você para um livramento ainda maior.

O que você deve fazer quando chegar a um beco sem saída e estiver esperando o livramento chegar?

No capítulo 4 de Romanos, Paulo nos ensina quatro lições que podemos aprender de Abraão enquanto estava esperando pelo livramento.

LEMBRE-SE DO QUE DEUS PODE FAZER

Você pode ter perdido o controle da situação, mas ela não saiu do controle de Deus. Quando você enfrenta um impasse, não se concentre naquilo que você *não pode* fazer, mas, sim, naquilo que Deus *pode* fazer: "[Abraão] creu [...] [no] *Deus que dá vida aos mortos e chama à existência coisas que não existem, como se existissem*".[6]

> QUANDO VOCÊ ENFRENTA UM IMPASSE, NÃO SE CONCENTRE NAQUILO QUE VOCÊ *NÃO PODE* FAZER, MAS, SIM, NAQUILO QUE DEUS *PODE* FAZER.

Só Deus pode dar vida aos mortos. Só Deus pode criar algo do nada. Essa é a definição de milagre. Se Deus pode dar vida a um ser humano que morreu, ele pode dar vida a uma carreira morta. Ele pode dar vida a um sonho morto. Ele pode levar você a superar um impasse financeiro. Ele pode criar um caminho onde não existe nenhum. Deus não precisa de material para poder trabalhar. Ele pode criar as coisas do nada.

Veja novamente em Romanos 4:17, *Abraão creu em Deus*. Ele não acreditava em um simples pensamento positivo. Não há nenhum problema no pensamento positivo (afinal de contas, qual é a alternativa?), mas ele não é a mesma coisa que fé. O pensamento positivo funciona em situações sobre as quais você tem controle. Mas, quando você enfrenta coisas que fogem do controle, precisa de mais do que uma atitude positiva. Você precisa ter fé em Deus, porque somente Deus pode controlar aquilo que está além do seu controle — e a maior parte da vida está fora do seu controle mesmo. Por isso você precisa mais de fé do que de pensamento positivo.

Em Lucas 18:27, Jesus disse: *"O que é impossível para os homens é possível para Deus"*. A especialidade de Deus é o impossível. Por essa razão, é importante lembrar-se daquilo que Deus pode fazer.

CONFIE NO QUE DEUS DIZ

Lemos em Romanos 4:18: *"Abraão, contra toda esperança, em esperança creu [...] como foi dito a seu respeito [por Deus]"*.

Sabe como você sabe que a esperança morreu dentro de você? É quando você usa a palavra *nunca*: eu *nunca* me formarei. Eu *nunca* me livrarei das dívidas. Eu *nunca* esquecerei toda a vergonha e toda a dor de cabeça. Eu *nunca* mudarei. Eu *nunca* virei a ser a pessoa que Deus quer que eu seja.

O que você deve fazer quando sua esperança começar a enfraquecer? As Escrituras dizem para continuar esperando, do mesmo modo que Abraão. Volte novamente a Romanos 4:18: *"Abraão, contra toda esperança, em esperança creu [...] como foi dito a seu respeito [por Deus]"*. Quando você se encontrar em um impasse, recorra à Bíblia, que é sua fonte de força. Ela nada mais é que um tesouro de esperança. Leia, estude, memorize e medite na Bíblia. A Palavra de Deus avivará sua fé. Ela renovará sua esperança. Ela fortalecerá sua firmeza em Deus. Nada o encorajará mais do que a Bíblia.

O impasse se constitui em uma prova de sua fé. A Bíblia diz: *"Pela fé, Abraão, quando Deus o pôs à prova, ofereceu Isaque como sacrifício"*.[7] Quando Deus disse que queria que Abraão sacrificasse seu filho, ele nem piscou. Ele não se desesperou porque se lembrou do que Deus podia fazer e confiou no que Deus lhe prometera. Enquanto caminhavam para subir o monte para fazer o sacrifício, Abraão disse aos seus servos: *"[Nós] voltaremos"*.[8] Quando Isaque lhe perguntou onde estava o sacrifício, Abraão disse: *"Deus mesmo há de prover"*.[9]

Abraão estava em um beco sem saída, mas o livramento estava chegando.

Quando chegaram ao lugar que Deus lhe havia indicado, Abraão construiu um altar e sobre ele arrumou a lenha. Amarrou seu filho, Isaque, e o colocou sobre o altar, em cima da lenha. Então, estendeu a mão e pegou a faca para sacrificar seu filho. Mas o Anjo do Senhor o chamou do céu: "Abraão! Abraão!" [...] Abraão ergueu os olhos e viu um carneiro preso pelos chifres num arbusto. Foi lá, pegou-o e sacrificou-o como holocausto em lugar de seu filho.[10]

Deus só trouxe a providência depois de Abraão ter levantado a faca.

O que acontece quando você chega a um impasse e Deus pede para desistir do sonho que você achava que tinha recebido dele? Será que você pode fazer isso pela fé? Abraão fez tudo o que Deus lhe disse que fizesse. Ele passou pela prova da fé.

Quando você estiver em um impasse, lembre-se do que Deus pode fazer, e confie no que Deus disse. Obedeça sem questionar.

ENFRENTE OS FATOS COM FÉ

Romanos 4:19-20 diz: *"Sem se enfraquecer na fé, reconheceu que o seu corpo já estava sem vitalidade [...] e que também o ventre de Sara já estava sem vitalidade. Mesmo assim, não duvidou"*. Abraão tinha 99 anos. Sara tinha noventa anos e era estéril — mesmo assim, Deus disse que eles teriam um filho. Isso é impossível para a medicina. Eles estavam bem longe da idade fértil, mas a Bíblia diz que Abraão enfrentou os fatos e, mesmo assim, não duvidou.

A fé está longe de se constituir em uma negação da realidade. Ter fé não significa fingir que não há problema algum. A fé não consiste em você dizer que não sente dor quando está muito triste ou que está feliz quando sofre por dentro. Isso nada tem a ver com fé e não passa de pura negação. Fé é enfrentar os fatos sem desanimar. Equivale a crer que Deus é maior que seus problemas.

> **FÉ É ENFRENTAR OS FATOS SEM DESANIMAR.**

A chave da fé é olhar para além das circunstâncias temporárias e focar no Deus eterno. A Bíblia diz: *"Fixamos os olhos, não naquilo que se vê, mas no que não se vê, pois o que se vê* [o problema] *é transitório, mas o que não se vê* [o poder de Deus] *é eterno"*.[11] Isso tem tudo a ver com foco.

Quando você enfrenta um impasse, lembre-se do que Deus pode fazer, confie no que ele disse e enfrente os fatos com fé. No entanto, existe um passo a mais.

ESPERE QUE DEUS DARÁ O LIVRAMENTO A VOCÊ

Abraão disse a Isaque: *"Deus mesmo há de prover o cordeiro para o holocausto"*.[12] Abraão esperava que Deus lhe desse o livramento. Além disso, por causa de sua fé inabalável, Abraão permanecia firme em obediência. Ele fez exatamente o que Deus lhe dissera para fazer.

ENFRENTANDO OS IMPASSES

Essa é uma lição importante sobre a fé. A fé não se limita a dizer que você ama a Deus; é viver de acordo com sua crença em Deus. Como a Bíblia diz: *"A fé, por si só, se não for acompanhada de obras, está morta [...] eu lhe mostrarei a minha fé pelas obras"*.[13]

O que você espera que Deus faça em sua situação atual? Você talvez não esteja esperando que ele faça nada, mas Deus age em sua vida de acordo com a sua expectativa. Jesus disse: *"Que lhes seja feito segundo a fé que vocês têm!"*.[14] O que você está crendo que Deus fará?

> **DEUS AGE EM SUA VIDA DE ACORDO COM A SUA EXPECTATIVA.**

O apóstolo Paulo compreendia o princípio da expectativa: a expectativa gera iniciativa. Paulo esperava que Deus agisse. Portanto, Paulo estava determinado a resolver esse impasse. Ele escreveu o seguinte:

> as tribulações que sofremos [...] foram muito além da nossa capacidade de suportar, a ponto de perdermos a esperança da própria vida [...] para que não confiássemos em nós mesmos, mas em Deus, que ressuscita os mortos. Ele nos livrou [...] Nele temos colocado a nossa esperança de que continuará a livrar-nos.[15]

Paulo havia chegado ao fim da linha. Estava imaginando se seu sonho tinha acabado. Mas ele sabia que

Deus lhe trouxera livramento no passado, então confiava que Deus o livraria no presente e acreditava que Deus lhe traria livramento no futuro. Paulo se recusava a perder a esperança.

Se você chegou a um beco sem saída, faça o que Paulo fez. Lembre-se do que Deus fez e creia que ele fará novamente. Mantenha-se firme na esperança. O livramento está chegando.

CAPÍTULO 7

ESPERANDO O
livramento

" Aquele que os chama
é fiel, e fará isso.
1 TESSALONICENSES 5:24 "

SEU IMPASSE é a porta para o livramento de Deus. No caso de Moisés, Deus abriu um caminho onde não existia. De costas para o Mar Vermelho e com o exército de Faraó no seu encalço, os israelitas enfrentavam um impasse desesperador. Entretanto, seu livramento estava chegando. Deus disse a Moisés:

> Erga a sua vara e estenda a mão sobre o mar, e as águas se dividirão para que os israelitas atravessem o mar em terra seca [...] Então Moisés estendeu a mão sobre o mar, e o SENHOR afastou o mar e o tornou em terra seca, com um forte vento oriental que soprou toda aquela noite. As águas se dividiram, e os israelitas atravessaram pelo meio do mar em terra seca, tendo uma parede de água à direita e outra à esquerda.[1]

Quando os israelitas chegaram em segurança ao outro lado, Deus fez com que as águas fluíssem de volta ao seu lugar, e o exército inimigo se afogou no mar.

Deus levou seu povo a esse impasse com um propósito. Ele quis ensiná-los a confiar nele e queria demonstrar sua glória.

O que Deus quer ensinar a você em seu impasse?

No evangelho de Mateus, encontramos o relato de Jesus andando sobre as águas. A Bíblia diz:

Logo em seguida, Jesus insistiu com os discípulos para que entrassem no barco e fossem adiante dele para o outro lado, enquanto ele despedia a multidão. Tendo despedido a multidão, subiu sozinho a um monte para orar. Ao anoitecer, ele estava ali sozinho, mas o barco já estava a considerável distância da terra, fustigado pelas ondas, porque o vento soprava contra ele. Alta madrugada, Jesus dirigiu-se a eles, andando sobre o mar".[2]

Não deixe de observar o fato de que os discípulos estavam na tempestade porque tinham obedecido a Jesus. Eles estavam fazendo exatamente o que ele lhes disse para fazer. Naquele momento, eles estavam quase morrendo e nem sinal de Jesus. Na mente deles, ele ainda estava na praia, onde eles o tinham deixado.

Observe a sequência dos acontecimentos: os discípulos entraram no barco durante a luz do dia, quando o sol estava brilhando e o céu estava azul. Então, quando chegou a noite, a tempestade surgiu e castigou o barco durante toda a noite. Os discípulos sabiam que não podiam fazer nada para controlar aquela situação. Durante a quarta vigília da noite, Jesus veio a eles caminhando sobre as águas. A quarta vigília da noite começava às três e terminava às seis da manhã. Em outras palavras, Jesus não apareceu ao primeiro sinal de perigo. O milagre aconteceu na hora mais sombria que os discípulos enfrentavam.

Em que medida a hora que você está passando é escura? Por quanto tempo você está navegando em sua tempestade? Independentemente de quanto sua situação seja sombria, seu Libertador está chegando — e ele simplesmente pode surgir de um modo que nunca foi visto antes.

Então, qual é a chave do livramento? Você tem uma escolha: Você pode se preocupar ou adorar, entrar em pânico ou louvar a Deus. Uma maneira pela qual você pode fazer isso é expressando gratidão antecipadamente.

> INDEPENDENTEMENTE DE QUANTO SUA SITUAÇÃO SEJA SOMBRIA, SEU LIBERTADOR ESTÁ CHEGANDO — E ELE SIMPLESMENTE PODE SURGIR DE UM MODO QUE NUNCA FOI VISTO ANTES.

A CHAVE DO LIVRAMENTO

A chave do livramento é a gratidão cheia de fé. Quando você se encontra em um impasse e parece que seu sonho nunca se realizará, agradeça a Deus pelo fato de seu livramento estar a caminho — mesmo não conseguindo ainda enxergá-lo. Agradecer a Deus antecipadamente é um grande passo de fé — e Deus sempre se move diante da fé! O próprio Jesus nos ensinou a fazer isso.

No capítulo 11 de João, encontramos o relato da ressurreição de Lázaro. Jesus estava em Jerusalém quando suas amigas Maria e Marta enviaram notícias da cidade de Betânia, de que Lázaro, seu irmão, estava doente. Elas precisavam que Jesus viesse para curá-lo. Betânia ficava a mais ou menos três quilômetros de distância, mas Jesus só chegou lá depois de três dias. No momento em que Jesus chegou, Lázaro já tinha morrido. Ele já estava no túmulo por três dias. Todos acharam que Jesus tinha chegado tarde demais. Tanto Maria como Marta disseram: "Senhor, se estivesses aqui, meu irmão não teria morrido". Mas Jesus não fora até lá para curar Lázaro. Ele fora para ressuscitá-lo.

Você pode achar que tem a melhor resposta ao seu dilema. Pode achar que tem tudo planejado. Você tem dito a Deus exatamente o que, como e quando ele deve fazer. Mas ele é Deus, não você! Você precisa deixá-lo agir da maneira dele e no seu tempo. Sempre dê margem para que Deus supere suas expectativas.

Jesus disse às pessoas para removerem a pedra do túmulo de Lázaro. Depois ele olhou para o céu e disse: *"Pai, eu te agradeço porque me ouviste"*.[3] Jesus agradeceu a Deus antecipadamente! Essa é a chave do livramento. Depois de ter agradecido a Deus por ouvir sua oração, Jesus gritou: *"Lázaro, venha para fora!"*.[4] Logo em seguida, Lázaro saiu do túmulo.

Abraão também entendeu o princípio da gratidão cheia de fé. A Bíblia diz: *"Abraão nunca duvidou [...] Ele ainda louvou a Deus por essa bênção, antes mesmo que aquilo acontecesse"*.[5] Observe que o texto diz que Abraão louvou a Deus "antes mesmo que aquilo acontecesse" — antes de se realizar o sonho de que Deus faria dele uma grande nação.

Quando você agradece a Deus por alguma coisa depois que ela acontece, trata-se de um momento de gratidão. Mas, quando você agradece por algo antes de acontecer, podemos chamar isso de fé. Foi isso que Jesus e Abraão fizeram, e equivale à forma mais sublime de fé: agradecer a Deus antecipadamente por aquilo que você acredita que ele fará. Isso é o mesmo que dizer: "Deus, não sei como farás que o sonho que me deste se realize. Estou em um impasse. Mas quero te agradecer antecipadamente pelo fato de que tu sabes o que fazes e que farás com que todas as coisas cooperem juntamente para o meu bem" (Romanos 8:28).

> QUANDO VOCÊ AGRADECE POR ALGO ANTES DE ACONTECER, PODEMOS CHAMAR ISSO DE FÉ.

NOSSO MAIOR LIVRAMENTO

Imagine o sofrimento e o desespero dos discípulos quando viram Jesus pendurado na cruz: seu amigo, seu mestre, aquele em que eles haviam depositado sua confiança, aquele a quem eles tinham dedicado a vida pelos últimos três anos havia morrido. Eles tinham pensado que Jesus estabeleceria seu reino e que eles governariam com ele. Agora estava tudo acabado. Como era possível que o Messias, o Filho de Deus, estivesse morto? O sonho deles tinha chegado ao fim. Toda esperança tinha morrido.

Eles não perceberam que Deus é especialista em transformar crucificações em ressurreições. Por três dias, o corpo de Jesus ficou imóvel em um túmulo guardado pelos soldados romanos. Mas, ao terceiro dia, Jesus ressuscitou. Foi o maior livramento da história.

O impasse de Jesus acabou se tornando o fim da morte. A sentença de morte e separação eterna de Deus fora revogada. Embora morramos fisicamente, nossa alma pode viver eternamente na presença de Deus no céu — nossa terra prometida definitiva.

TRÊS TIPOS DE LIVRAMENTO

Existem três maneiras básicas de Deus dar livramento a você: a externa, a interna e a eterna. Quando Deus lhe dá um livramento externo, ele altera milagrosamente as circunstâncias do mesmo modo que os israelitas quando ele os "*salvou* [...] *das mãos dos egípcios*".[6] Deus intervém e o Mar Vermelho se abre. Isso acontecerá muitas vezes em sua vida, mas não acontecerá a todo instante.

Em outras situações, Deus traz o livramento sem alterar as circunstâncias, mas gerando uma mudança dentro de *você*. Esse é o livramento interno de Deus. Ele dá um novo sonho, uma nova atitude ou uma nova perspectiva para você. Deus não mudou as circunstâncias de Paulo quando ele estava na prisão de Roma amarrado a um guarda. Entretanto, Deus realmente mudou sua perspectiva. Paulo escreveu aos seus amigos: "*Quero que saibam, irmãos, que aquilo que me aconteceu tem antes servido para o progresso do evangelho*".[7] Como Paulo sabia que sua dor tinha um propósito maior, estava mais bem-preparado para lidar com as esperas, as dificuldades e os impasses.

A terceira forma de livramento, que é definitiva, é o céu. Esse é o livramento eterno — e será para sempre. Deus não prometeu tirar toda a dor deste mundo. Ele não prometeu resolver todos os problemas do modo que você deseja que eles sejam resolvidos. Ele não prometeu manter a vida de todos os seus entes queridos por todo o restante da sua vida. Existe dor neste mundo. Existem tristeza e sofrimento. Mas lembre-se de que ainda não estamos no céu; ainda continuamos nesta terra. Seu livramento definitivo virá um dia no céu, onde não haverá dor nem tristeza, nem mesmo doença ou sofrimento, tampouco desgosto ou decepção.

Independentemente do modo pelo qual Deus dá livramento a você, esse livramento é garantido, pois *"aquele que prometeu é fiel"*.[8] Ele pode não lhe conceder o livramento da forma que você imagina, mas ele lhe dará esse livramento da maneira que achar melhor. Ele prometeu completar a boa obra que começou em você (Filipenses 1:6) e não fará você esperar um segundo a mais do que ele sabe ser necessário para completá-la em você.

Qual deve ser sua primeira reação quando Deus lhe conceder livramento? Festeje! Alegre-se! Foi isso que Paulo fez. Deus lhe deu livramento depois do naufrágio, e de ser chicoteado e preso, e mesmo enquanto Paulo continuava a enfrentar problemas, ele ainda escolhia dizer: *"Alegrem-se sempre no Senhor. Novamente direi: alegrem-se!"*.[9]

A escolha é sua se a alegria continua.

Talvez hoje você se encontre em algum impasse e não tenha vontade de se alegrar. Você tem esperado em Deus por um milagre — o alívio de uma mágoa, uma resposta de oração, uma virada em uma situação que, de outro modo, seria impossível — e você está perdendo a esperança de que o sonho de Deus se realizará.

Ou talvez Deus tenha dado a você uma promessa específica que não está sendo realizada da maneira que você acreditava ou de acordo com o que você conhece a partir das Escrituras. Você se firmou nela por muito tempo e agora se sente tentado a desistir.

Você precisa lembrar que Deus não está limitado pelo seu tempo na terra para cumprir suas promessas. Jesus disse: *"O céu e a terra passarão, mas as minhas palavras jamais passarão"*.[10] Você ainda pode manter-se firme na verdade sem exigir que a promessa seja cumprida dentro do esquema que você imaginou. Deus tem toda a eternidade para cumprir sua Palavra!

Então, comece a agradecer a Deus neste momento pelo livramento que já está a caminho. Jesus pode tomar esse fim desesperador e transformá-lo em uma esperança sem-fim. E, ainda que você enfrente muitos impasses, Deus dará livramento a você várias vezes na terra e depois dará o livramento definitivo no céu. Sabe por quê? Porque *"as suas misericórdias são inesgotáveis. Renovam-se cada manhã!"*.[11]

Como você pode notar, é da natureza de Deus dar uma nova chance. Ele é Deus de novidade. Ele não faz a mesmas coisas antigas o tempo todo. Ele sempre lhe dará vários sonhos durante toda a vida. A Bíblia diz: *"Derramarei do meu Espírito sobre todos os povos. Os seus filhos e as suas filhas profetizarão, os jovens terão visões, os velhos terão sonhos"*.[12]

Mas, para viver os sonhos que Deus tem para sua vida, você precisa adotar as coisas novas que Deus quer fazer em sua família, em sua carreira, em suas amizades, em sua igreja e no mundo ao seu redor. Além disso, Deus quer que você *observe* as coisas novas que ele fará. Ele diz em Isaías 43:18-19: *"Esqueçam o que se foi; não vivam no passado. Vejam, estou fazendo uma coisa nova! Ela já está surgindo! Vocês não o percebem?"*. Por isso, confie nele. Mantenha-se firme nele e lembre-se:

> Deus pode fazer qualquer coisa, muito mais do que poderiam imaginar ou pedir nos seus sonhos! Quando Deus age, ele nunca o faz de modo forçado, pois o seu agir em nós, por seu Espírito, acontece sempre de modo profundo e gentil dentro de nós".[13]

O sonho de Deus para sua vida já estava na mente dele desde que ele o formou na barriga de sua mãe. O Deus que chama também capacita — no seu tempo e à sua maneira. Você não tem o direito de reclamar, de se queixar, de discutir ou de duvidar, porque ele agirá do modo que prometeu. Ele é fiel. Mas ele fará você passar por essas seis fases da fé: do sonho para a decisão, a espera, as dificuldades, o impasse e o livramento. Além disso, ele o conduzirá por esse processo muitas vezes: não se trata de uma experiência que você só passa uma vez na vida. Em Salmos 50:15, Deus diz: *"Clame a mim no dia da angústia; eu o livrarei, e você me honrará"*.

> **O DEUS QUE CHAMA TAMBÉM CAPACITA.**

Nunca desista dos sonhos que Deus o criou para ter. Ele nunca desistirá de você.

QUESTÕES PARA REFLEXÃO

Com base nos princípios ensinados em todo o livro, as perguntas a seguir ajudarão você a entender melhor o processo que Deus usa para realizar o sonho que ele lhe dá. Separe algum tempo para refletir sobre essas questões em seu momento pessoal de estudo ou em uma discussão realizada em pequenos grupos.

Capítulo 1: Como fé e sonho estão conectados

- Um grande sonho é uma declaração de fé.
  - Pense no maior sonho que você já teve ou poderia ter para sua vida. Como ele reflete sua fé em Deus?

- Enquanto você vai atrás do seu sonho, Deus vai trabalhando em seu caráter.
  - De que maneiras você quer que Deus o ajude a crescer espiritual e emocionalmente enquanto está buscando o sonho de Deus para sua vida?

- A descoberta e a busca do sonho se constituem em uma caminhada de fé.
  - Por que você acha que Deus não lhe dá seu sonho de uma vez e, em vez disso, concede-o em um processo gradativo ou passo a passo?
- Deus não dá orientação sem provisão.
  - O que você precisa pedir a Deus como provisão hoje para que você continue a ir atrás do sonho dele para sua vida?

Capítulo 2: Descobrindo o sonho de Deus para você

- Sem o sonho, você sempre terá problemas de identidade — ou seja, sobre quem você é de fato.
  - Qual sonho Deus o chamou para seguir? Você já imaginou que seu sonho faz parte da sua identidade? Explique.
- O sonho de Deus nunca vai contra a Palavra de Deus.
  - Como você pode saber se seu sonho é contrário ao que diz a Bíblia?
- Tanto os sonhos como o desânimo são contagiosos.
  - Pense em seus amigos mais próximos. De que maneira eles o incentivam a ir atrás do sonho de Deus? De que maneira eles o desanimam?

QUESTÕES PARA REFLEXÃO

- Nada é mais importante do que realizar o sonho de Deus para você. Essa foi a razão pela qual ele o criou.
  - Quais coisas competem mais pela sua atenção e o impedem de se envolver no sonho de Deus? Quais passos você pode seguir para dar prioridade ao sonho de Deus para sua vida?

Capítulo 3: Decidindo agir

- A fase da decisão não consiste em tomar decisões rápidas. Consiste em tomar as decisões *certas*.
  - Qual passo você pode dar hoje para conhecer melhor a Palavra de Deus, de modo a tomar decisões sábias?

- O problema é que, em geral, *parecemos* sábios em vez de realmente *sermos*.
  - Quem é a pessoa mais sábia que você conhece? De que modo ela é um exemplo de humildade?

- Nunca confunda tomar decisões com resolver problemas.
  - De que modo você pode preparar-se espiritual e emocionalmente para os problemas que encontrará enquanto for atrás do seu sonho?

Capítulo 4: Perseverando em meio à espera

- Eles passaram por um período de espera porque tinham medo.
  - De que maneira você pode superar seu medo?

- Sempre há uma espera entre a semeadura e a colheita.
  - Quais características de Jesus Cristo você quer que cresçam dentro de você enquanto estiver aguardando a realização de seu sonho? Ore e peça a ele que o desenvolva e o amadureça de modo que você seja fiel até mesmo em meio à espera.

- A espera não quer dizer que você esteja fora de alcance da vontade de Deus.
  - Como você responde a Deus quando ele diz "Ainda não" ao seu pedido em vez de dizer "Não"? Como acha que ele quer que você reaja a essas duas respostas?

Capítulo 5: Lidando com as dificuldades

- Em cada oportunidade, você deve perguntar se ela está de acordo com a vontade de Deus.
  - Por que é importante conviver com pessoas confiáveis e parecidas com Jesus enquanto você tenta concluir se uma oportunidade vem de Deus? Quem são essas pessoas em sua vida?

QUESTÕES PARA REFLEXÃO

- O que acontece *com* você não passa nem perto da importância do que acontece *dentro de* você.
  - Qual é a prova mais difícil pela qual você já passou? Como essa prova o transformou de um modo que tem importância eterna?

- Os problemas não permanecem para sempre; eles certamente passarão.
  - Quando você precisa ser lembrado de que seus problemas são temporários, a quais verdades eternas você pode direcionar sua atenção?

Capítulo 6: Enfrentando os impasses

- Quando você estiver enfrentando um impasse, não se concentre naquilo que *não pode* fazer, mas, sim, naquilo que Deus *pode* fazer.
  - Por que você acha que Deus quer que você chegue a um ponto no qual você entenda que não pode fazer nada com suas próprias forças?

- Fé é enfrentar os fatos sem desanimar com eles.
  - Se você acreditar que Deus é maior do que seus problemas, o que pode mudar no modo de enfrentar as circunstâncias difíceis?

- Deus age em sua vida de acordo com sua expectativa.
  - De que modo você pode *demonstrar* a Deus o que você espera que ele faça em seu impasse em vez de somente usar palavras?

Capítulo 7: Esperando o livramento

- Independentemente de quanto sua situação seja sombria, seu Libertador está chegando — e ele pode simplesmente surgir de um modo que nunca foi visto antes.
  - Como você adorará a Deus hoje enquanto estiver esperando que ele providencie o livramento de sua dificuldade?

- Jesus não veio para curar Lázaro; ele veio para ressuscitá-lo.
  - Enquanto você ora por livramento e faz pedidos específicos a Deus, como pode dar margem em suas orações para que ele supere suas expectativas?

- Quando você agradece por algo antes de acontecer, podemos chamar isso de fé.
  - O que você acredita que Deus está fazendo por você enquanto você vai atrás do seu sonho? Agradeça a ele antecipadamente por isso neste instante e ore: "Deus, não sei como o Senhor realizará o sonho que me deu, mas agradeço antecipadamente pelo que o Senhor está fazendo e porque o Senhor fará com que todas as coisas cooperem para o bem em minha vida".

- O Deus que chama, capacita.
  - De que maneiras específicas Deus concedeu dons e o capacitou para o sonho que ele lhe deu? Você

QUESTÕES PARA REFLEXÃO

está disposto a confiar que ele proverá de todos os modos que você não pode ver ou entender no momento?

NOTAS

Capítulo 1: Como fé e sonho estão conectados

1. Gênesis 1:27.
2. João 1:3-4.
3. Hebreus 11:6.
4. 1Timóteo 6:7.
5. Filipenses 1:6.
6. Provérbios 14:12.
7. Efésios 2:10.
8. Efésios 3:20 (*A Mensagem*).
9. Provérbios 4:18.
10. Marcos 9:23.
11. Mateus 9:29.
12. 2Coríntios 1:8-9.
13. Efésios 3:20 (*A Mensagem*).

Capítulo 2: Descobrindo o sonho de Deus para você

1. Hebreus 11:6.
2. Romanos 12:2.

3. Jeremias 29:11.
4. Romanos 12:2.
5. João 1:12.
6. 1Pedro 4:10.
7. Provérbios 27:17.
8. 1Coríntios 15:33.
9. 1Tessalonicenses 5:24.
10. Atos 20:24.

Capítulo 3: Decidindo agir

1. Tiago 1:5.
2. Provérbios 3:13.
3. Colossenses 3:15 (*Nova Tradução na Linguagem de Hoje*).
4. Provérbios 18:13.
5. Salmos 119:70.
6. Lucas 14:28,31.
7. João 16:33.
8. Provérbios 22:3.
9. Eclesiastes 11:4 (*Bíblia Viva*).

Capítulo 4: Perseverando em meio à espera

1. Êxodo 13:17-18.
2. Deuteronômio 8:2.
3. Provérbios 29:25.
4. Hebreus 13:5.
5. Números 21:4-5.

6. Salmos 37:7-8.
7. Filipenses 4:8-9.
8. Números 14:2,4.
9. Gálatas 6:9.
10. Lucas 18:1.
11. Salmos 106:7-8,13.
12. 2Pedro 3:9.
13. Habacuque 2:3 (*Bíblia Viva*).

Capítulo 5: Lidando com as dificuldades

1. 2Coríntios 11:23-28.
2. 2Coríntios 4:16.
3. Salmos 73:16-17.
4. (*Bíblia Viva*).
5. 2Coríntios 4:16-17.
6. João 8:32.
7. Provérbios 28:13.
8. Hebreus 13:5.

Capítulo 6: Enfrentando os impasses

1. Êxodo 12:31.
2. Êxodo 14:13-14.
3. Isaías 7:9.
4. Gênesis 22:2.
5. Hebreus 11:19 (*Bíblia Viva*).
6. Romanos 4:17.
7. Hebreus 11:17.

8. Gênesis 22:5.
9. Gênesis 22:8.
10. Gênesis 22:9-11,13.
11. 2Coríntios 4:18.
12. Gênesis 22:8.
13. Tiago 2:17-18.
14. Mateus 9:29.
15. 2Coríntios 1:8-10.

Capítulo 7: Esperando o livramento

1. Êxodo 14:16,21-22.
2. Mateus 14:22-25.
3. João 11:41.
4. João 11:43.
5. Romanos 4:20 (*Bíblia Viva*)
6. Êxodo 14:30.
7. Filipenses 1:12.
8. Hebreus 10:23.
9. Filipenses 4:4.
10. Mateus 24:35.
11. Lamentações 3:22-23.
12. Atos 2:17.
13. Efésios 3:20 (*A Mensagem*).